AF501608

Le Suicide.

Imprimerie de Marchand du Breuil,
rue de la Harpe, n. 80.

Introduction.

LE
SUICIDE,

PAR

Léonard Gallois.

Ó TEMPORA, Ó MORES !

Paris,

LES MARCHANDS DE NOUVEAUTÉS.

M DCCC XXIV.

37816

INTRODUCTION.

Nous étions dans ces beaux jours de mai, où la nature semble nous inviter à contempler son réveil régénérateur : les arbres majestueux qui décorent les magnifiques promenades de Paris s'étaient recouverts de feuilles et de fleurs nouvelles, la timide fauvette y soupirait ses chants d'amour, le merle altier saluait le lever du soleil, l'air était plus pur, le ciel plus azuré, et pourtant le voluptueux citadin n'accourait pas admirer ce spectacle enchanteur ; fatigué de ses veilles oiseuses, il était, pour long-temps encore, plongé dans les ténèbres d'une alcôve somptueuse : j'étais seul au milieu des Champs Elysées : une lettre charmante, que je savais déjà par cœur, et que je relisais sans cesse, captivait toute mon attention.... C'est aujourd'hui vendredi, me disais-je avec joie ; ce jour que les superstitieux redoutent, est pour moi un jour de bonheur : ce soir je la verrai, je m'enivrerai de son doux sourire ; je pourrai lire dans ses yeux tout l'amour qu'elle m'exprime si bien dans ses phrases brûlantes!... Vaillant *Cortès*, et toi léger *Zéphire*, vous n'aurez pas un seul de mes regards (1). En prononçant ces mots, je me trouvai près de deux soldats : ils étaient appuyés contre un gros

(1) On devine que mon imagination me transportait à l'Opéra.

police firent enlever ce cadavre par les deux soldats et l'accompagnèrent silencieusement au corps-de-garde établi au milieu des Champs Elysées.

Je restai saisi d'horreur ; et lorsqu'enfin mes forces me permirent de m'éloigner, j'aperçus un rouleau de papier et un pistolet à demi cachés sous le gazon. J'hésitai un instant ; mais réfléchissant que ce manuscrit pouvait intéresser quelque famille, je m'en saisis, et je courus m'enfermer dans mon cabinet, où je lus ce qui suit :

peuplier, les bras croisés sur la poitrine et le regard morne. « Passez plus loin! », me cria l'un d'eux. Je changeai de direction; mais à peine m'étais-je éloigné de quelques pas, que je vis descendre d'une voiture de place deux commissaires de police, revêtus de leur écharpe, et trois autres individus habillés de noir. Ils vinrent directement à l'endroit que les deux soldats semblaient garder.

La curiosité m'entraîna vers ces mêmes lieux : on me laissa approcher. Un spectacle déchirant s'offrit alors à mes yeux : le cadavre d'un jeune homme gisait sur l'herbe ; le sang de ce malheureux semblait couler encore de sa tête et de son visage, qu'on avait eu soin de couvrir. Les commissaires de

Le Suicide.

LE SUICIDE,

HISTOIRE

D'EDMOND D'HEURMAL.

Au moment où la honte et les remords me forcent de mettre un terme à une existence que je ne puis plus supporter ; lorsqu'il ne me reste d'autre parti à prendre que celui de trancher le cours d'une vie criminelle par un nouveau crime, j'éprouve le besoin de faire le pénible aveu de mes lâches complaisances, de dire au monde entier comment elles m'ont rendu le plus méprisable des hommes. Je veux laisser sous les yeux de cette jeunesse estimable qui a le malheur de vivre dans ces temps de corruption, un exemple terrible. Puissé-je inspirer à ceux qui me liront l'horreur que j'éprouve pour moi et pour mes pareils. Puissé-je empêcher que quelque honnête homme, guidé par un zèle aveugle, ne soit entraîné dans le piége fangeux où tant de misérables courent se précipiter !...

Je suis né le 15 novembre 1796. Le même jour, mon père, alors chef d'un bataillon de grenadiers dans l'immortelle armée d'Italie, reçut plusieurs blessures graves sur le pont d'Arcole ; il tomba sous le drapeau que le général Bonaparte venait d'y placer, et resta sur le champ de bataille parmi les morts et les mourans. Rendu à la vie par le zèle et les soins de tous ses amis, il lui fut impossible de continuer à servir sa patrie. Il revint, après une longue convalescence, dans sa terre d'Estebois, où l'attendaient le repos et le bonheur : c'est là que je reçus ses premiers embrassemens et que je lui prodiguai mes caresses enfantines...... Ma mère mourut quelques mois après.

Élevé par un oncle philosophe ennemi du despotisme, mon respectable père avait toujours professé des sentimens grands et généreux. Jeune encore, il était accouru sous les drapeaux de Washington, et s'était voué à la cause de la liberté des peuples. Plus tard, lorsque l'assemblée constituante décréta les droits de l'homme et du citoyen, mon père resta citoyen dans son pays, et préféra ce titre modeste à tous ceux qu'il aurait pu étaler chez l'étranger. Enfin, lorsque les ennemis de la France menacèrent ses frontières et ses nouvelles institutions, il s'arracha des bras d'une épouse chérie pour aller défendre le sol sacré. Il se battit, sans y être excité par les titres, les cordons et les majorats : il se battit pour la liberté et pour sa patrie. Que n'ai-je été élevé moi-même par ce père vertueux ! Il aurait inculqué dans mon cœur ces principes de vérité qui doivent tôt ou tard régir le monde; il m'aurait fait connaître en quoi consiste le véritable honneur. Le fils du grenadier d'Arcole eût été un bon citoyen. Hélas ! sa santé ne lui permit pas de s'occuper de mon éducation : je fus envoyé dans un lycée impérial, où, dès l'âge de dix ans, on me façonna à l'obéissance passive ; j'y contractai l'habitude de m'incliner devant le pouvoir et de tout sacrifier aux volontés d'un maître.

Tous les ans j'allais passer les vacances chez mon père. Vivant loin de la cour, son patriotisme s'était conservé pur, et ses principes politiques n'avaient point varié ; aussi le langage qu'il me tenait parfois me semblait-il ridicule. Il ne me parlait que de la patrie ; je ne connaissais que le grand capitaine : il s'efforçait de me faire sentir l'injustice de certaines guerres, l'abus du pouvoir, la violation de toutes les lois fondamentales ; tout me paraissait juste, et je ne voyais rien de plus beau, rien de plus honorable que de servir aveuglément un maître qui nous apprenait à faire de grandes choses, un souverain dont tous les potentats du monde recherchaient l'alliance et l'amitié, et devant lequel les noms les plus illustres s'inclinaient profondément.

Le moment tant désiré arriva enfin : un brevet de sous-lieutenant de cavalerie me fut envoyé par le ministre. Avant de partir, mon excellent père s'efforça de me faire comprendre que la puissance de Napoléon s'écroulerait, s'il ne l'appuyait solidement sur la nation; je ne pus m'empêcher de rire de cette prophétie, et j'allai rejoindre mon régiment en Saxe. J'eus le bonheur de me distinguer dans cette campagne ainsi que dans celle de France, et j'étais lieutenant en premier lorsque le sénat prononça la déchéance de l'homme qu'il avait tant enivré d'encens.

Un événement aussi extraordinaire aurait dû me faire réfléchir que les hommes passent, et que, par conséquent, il ne faut jamais s'attacher qu'aux institutions ; mais le résultat de mon éducation était tel que je ne voyais que l'homme : je le regrettai hautement. Dès lors je me trouvai naturellement placé dans le rang de l'opposition, non pas par principes, mais bien par mécontentement, et parce qu'étant un des plus jeunes officiers du corps, j'avais été placé à la suite.

Au 20 mars je poussai des cris de joie; et lorsqu'il fallut être témoin du licenciement de l'armée sur la Loire, je me montrai un des plus forts récalcitrans : mon père fut obligé de me rappeler chez lui. Je trouvai ce digne patriote pleurant sur les malheurs de son pays, moi je ne voyais que les malheurs de la dynastie renversée.

Au bout de deux ans le calme et la tranquillité semblaient renaître : je retournai à Paris, malgré les instances de mon père. Que n'ai-je suivi ses conseils ! Je vivrais heureux et estimé.

Quelques protections me valurent bientôt la restitution de mon grade et une place d'aide-de-camp. Je suivis mon général dans une mission secrète. Notre manière de voir les choses ne s'accordait guère ;

mais, entraîné par le torrent, je ne tardai pas à montrer un zèle qui me valut sa confiance.

La mission dont il avait été chargé consistait à découvrir la trame de quelques conspirations que l'on assurait exister. Malgré tous nos efforts, nous n'avions pu désigner un seul coupable. Mon général avait cependant besoin de justifier la confiance du ministre, lequel, à son tour, ne pouvait se faire valoir qu'en préservant l'état de quelque grand danger vrai ou factice. Il fallait donc découvrir des conspirations, et s'il n'en existait pas, il fallait en créer. Mon général me fit part d'un plan qu'il venait de concevoir, et dans lequel je devais figurer comme agent actif. Il s'agissait d'entraîner quelques mécontens dans des réunions clandestines, de provoquer des propos et des menaces contre le gouvernement, et d'arrêter ensuite avec fracas ces imprudens. Notre part de gloire devait être grande, et nos noms auraient retenti dans tous les journaux.

J'avoue que mon premier mouvement fut de repousser une proposition qui répugnait à mon caractère; mais il fallait conserver mon emploi : je désirais de l'avancement, des rubans; je fis taire ma conscience, et je secondai merveilleusement le général auquel j'étais attaché.

Un beau matin, la conspiration que nous avions arrangée nous-mêmes, fut solennellement découverte: une vingtaine de malheureux furent arrêtés, et l'on publia que l'état avait été sauvé par nous. Nous reçûmes alors un concert d'éloges de la part des journaux payés par le gouvernement; mais les autres feuilles élevèrent leur voix accusatrice : elles parlèrent de séduction, d'entraînemens et d'agens provocateurs. L'affaire nous fut désavantageuse dans l'opinion publique, mais le ministre nous reçut très-bien, et nous gagnâmes chacun un grade.

Je ne tardai cependant pas à m'apercevoir que si j'avais obtenu quelques faveurs, en m'associant au machiavélisme de mon général, j'avais beaucoup perdu dans l'opinion des personnes que je fréquentais avant mon départ. Je ne recevais plus qu'un accueil froid dans ces mêmes sociétés où j'avais été fêté quelque temps avant : mon amour-propre en souffrait ; mais ce qui le blessait encore davantage, c'est le silence que l'on affectait de garder dès que j'arrivais. En consultant ma conscience, je croyais bien trouver la cause de cette défaveur dans ma conduite complaisante auprès de mon général; cependant je ne pouvais concevoir que l'on me fît un crime d'avoir servi le gouvernement : j'étais bien loin de penser qu'un zèle inconsidéré m'avait rendu le vil instrument de l'ambition d'un ministre et d'un général, et qu'en prenant une part active à cette conspiration factice, je m'étais attiré la haine et l'animadversion publique.

Une femme qui m'avait été très-attachée lorsque j'étais sans emploi, m'apprit enfin, par ses reproches, quelle était ma position dans la société. « Eh quoi! me « dit-elle un jour, en me voyant « arriver, le vil complice des infa- « mies ministérielles, le lâche pro- « vocateur de conspirations qui ont « rempli de victimes les cachots de « mon département, ose encore se « présenter chez moi? Je vous y « recevais avec plaisir, monsieur, « lorsque je vous supposais des « sentimens nobles et généreux, « lorsque je vous croyais un homme « d'honneur : votre conduite m'a « dévoilé la bassesse de votre âme. « Sortez de chez moi, monsieur,

« et que je ne vous y revoie jamais. » Ce langage, cette leçon de morale de la part d'une de ces femmes que nous croyons avoir le droit de mépriser parce qu'elles ont eu des faiblesses pour nous, me rendit furieux : je me portai aux derniers excès envers celle qui m'avait naguère donné des preuves d'un véritable intérêt, et je ne la quittai qu'après avoir commis une seconde lâcheté. C'est ainsi que l'on s'engage pas à pas dans la route glissante qui nous conduit au déshonneur.

Que de réflexions je fis dans cette pénible journée! On m'avait enfin ouvert les yeux, je connaissais ma véritable situation. Mon cœur n'était pas encore tout-à-fait corrompu ; il me restait un parti à prendre : il fallait quitter le service et retourner chez mon père, pour puiser dans ses leçons et dans l'exemple de sa vie, cette vertu nécessaire aux hommes qui veulent traverser purs les temps de troubles et de révolution.

J'étais bien décidé à aller m'ensevelir dans la terre d'Estebois, lorsqu'une circonstance imprévue changea tout-à-fait ma position. Le général auquel j'étais attaché se brouilla avec le ministre, et fut destitué; je restai aussi sans emploi. La destitution d'un officier général que l'on avait regardé jusqu'alors comme le Seïde du ministre, et comme l'homme le plus aveuglément dévoué au gouvernement, produisit une grande sensation. Chacun l'expliquait à sa manière; et malgré la divergence des opinions, le général que l'on avait naguère blâmé avec amertume, celui auquel on reprochait un système affreux et inouï, ne fut plus aux yeux du parti de l'opposition qu'une victime du ministère. Les libéraux oublièrent sa conduite passée, et l'admirent parmi eux.

Je me trouvai moi-même placé dans une situation toute nouvelle pour moi : les mêmes personnes qui m'avaient repoussé peu de jours avant, vinrent me complimenter et me faire des offres de service. Dans cet état des choses, je ne pensai plus à la détermination que j'avais prise d'aller vivre avec mon respectable père : je restai à Paris.

Cependant les faveurs ministérielles, les indemnités, les gratifications, ne pleuvaient plus sur moi, et pourtant j'avais conservé le même goût pour la dépense : la bourse de quelques nouveaux amis me fut ouverte souvent, et j'y puisai; mais ne voulant pas abuser de leur obligeance, je contractai bientôt des dettes plus dangereuses. Je vécus deux ans de cette manière, ayant la réputation d'un grand libéral, sans que j'eusse donné d'autre garantie qu'une destitution qui se rattachait à des causes bien étrangères à mes opinions : c'est souvent ainsi que se font les réputations à Paris. J'étais tout étonné de la mienne; car je dois convenir que je n'avais pas plus de principes libéraux à cette époque, qu'à celle de mon entrée au service.

Je fis de mon mieux pour soutenir cette réputation, et tout le monde me crut un Brutus.

C'est à cette époque que je vis pour la première fois mademoiselle Dorbourg, dont le frère était devenu mon intime ami. L'intérêt que l'on se persuadait que je devais inspirer fut bientôt partagé par cette charmante personne : il ne tarda pas à devenir plus tendre.

Cependant, mes dépenses étaient toujours considérables, et s'augmentaient encore des pertes que je faisais journellement à l'écarté ; jeu terrible, que l'on venait d'importer à Paris : mes créanciers se lassaient d'attendre, et leurs bourses s'étaient fermées pour moi. Mon père, dont la fortune était très-modique, n'aurait pu, sans se gêner beaucoup, augmenter la pension qu'il m'avait assignée depuis mon entrée au service; et d'ailleurs, comment lui apprendre le désordre de mes affaires, sans lui faire l'aveu de cette funeste passion du jeu, qu'il était si loin de me soupçonner! Je préférai être obligé de recourir à d'autres moyens, en attendant de pouvoir obtenir la main de mademoiselle Dorbourg, et de combler, par ce mariage avantageux, le déficit qui existait dans mes affaires. Malheureusement, les parens de cette aimable personne n'étaient pas tous dans les mêmes dispositions : le frère me l'aurait sans doute accordée à l'instant; mais le père se montrait moins facile, et dès l'instant qu'il sut que je jouais, il crut devoir surveiller ma conduite, et ne prendre une détermination qu'après avoir bien réfléchi.

L'accueil que je continuais à recevoir de mademoiselle Dorbourg, et les préférences marquées dont j'étais l'objet de sa part, ne me laissaient plus aucun doute sur ses sentimens pour moi; mais si j'étais heureux en amour, j'étais encore plus malheureux au jeu. Les pertes que je faisais toutes les semaines auraient ruiné un riche capitaliste; jusqu'alors je les avais réparées en empruntant tous les matins à des taux effrayans; hélas! cette triste ressource ne me restait même plus depuis que je laissais protester mes billets. Ma situation était devenue telle, en moins d'un an, que je me trouvais réduit d'en venir à ce que quelques jeunes gens appellent les *expédiens*. Déjà des faiseurs d'affaires m'avaient proposé un moyen, qui consiste à acheter fort cher et à long terme des marchandises quelconques, que l'on revend aussitôt à un tiers, ou tout au plus la moitié du prix, contre du comptant; mais j'avais eu le courage de m'y refuser. La dure nécessité allait me contraindre à faire ce nouveau pas dans la mauvaise route, lorsque le matin même où j'avais pris rendez-vous pour traiter une de ces sales affaires, je reçus la visite d'un de mes anciens amis, que je n'avais plus rencontré depuis l'époque de la conspiration. « Il y a plusieurs jours que je vous cherche, me dit-il; mais comme vous courez de belle en belle, de plaisirs en plaisirs, il m'a été difficile de suivre vos traces légères. Ma foi, vous êtes un heureux mortel. — Pas si heureux que vous le pensez, répondis-je d'un air assez triste. — Eh que vous manque-t-il donc? — Il me manque de l'argent, car sans argent on fait triste figure à Paris. — S'il ne vous faut que de l'argent pour vous rendre heureux, me dit alors l'ami officieux, je viens vous indiquer le moyen de vous en procurer dans vingt-quatre heures. Sommes-nous seuls ici? aucune nymphe ne respire dans votre alcôve? — Nous sommes seuls. — Combien vous faudrait-il pour satisfaire vos besoins du moment? Dix mille francs, vingt mille francs ? Vous pouvez les avoir avant la fin de la semaine. » J'ouvris de grands yeux, et je regardai bien fixement celui qui me parlait ainsi, pour savoir s'il ne raillait pas. Il devina ma pensée, et continuant à me parler du ton le plus léger : « Parole d'honneur, je vous cherche depuis quinze jours, pour vous dire qu'il ne dépend que de vous de recevoir une gratification considérable du ministre. — Du ministre ! m'écriai-je ; vous ignorez, sans doute, que je suis en disgrâce complète depuis long-temps. — Eh, mon ami ! les ministres sont les hommes les moins rancuneux, quand ils ont besoin de quelqu'un; et d'ailleurs ce n'est pas à vous que celui qui m'envoie pouvait en vouloir; c'est à votre général : ce général, vous ne pouvez pas l'aimer, puisqu'il vous a compromis dans son odieuse affaire de la conspiration. C'est sur cette affaire, c'est sur la conduite tenue alors par lui, que Son Excellence a besoin de quelques renseignemens secrets. Vous seul pouvez les lui fournir, vous lui rendrez un grand service, et les ministres récompensent toujours généreusement tous ceux qui servent bien leurs intérêts personnels. Il s'agit ici de la conservation d'un portefeuille qu'on veut lui enlever ; vous pouvez croire que rien ne paraîtra trop cher à Son Excellence dans une affaire si importante pour elle. Vous ne répondez pas, ajouta mon ami après un moment de silence ; je vous répète que les renseignemens dont le ministre a besoin seront purement *confidentiels*, et que vos notes seront brûlées dès que Son Excellence s'en sera servie pour rédiger sa défense... »

En ce moment le faiseur d'affaires, qui devait m'aider à acheter et revendre des marchandises, entra dans ma chambre. Mon ami, l'entremetteur ministériel, se leva aussitôt : « Adieu, me dit-il, je vous laisse à vos affaires (il eut soin d'appuyer sur les derniers mots); demain matin je viendrai chercher votre réponse : la chose presse, si vous la faites traîner en longueur, on n'aura plus besoin de vous. »

« Monsieur, me dit aussitôt le courtier-marron, sans me donner le temps de respirer, je viens savoir votre détermination pour l'affaire en question. J'ai sous une main le marchand en gros qui vous livrera à terme pour vingt mille francs de tissus, et sous l'autre le marchand en détail qui vous achètera au comptant ces mêmes tissus. La perte sera un peu sensible ; mais enfin, quand on est pressé, on n'y regarde pas de si près. Êtes-vous prêt, Monsieur ? — Êtes-vous bien sûr que sur ma bonne mine, on voudra me livrer pour vingt mille francs de marchandises, à moi qui ne suis nullement dans le commerce ? — J'ai là dessus une petite observation à vous faire ; vous sentez qu'il faut ici employer quelque ruse innocente, sans quoi on ne vous livrerait pas pour un centime. Il faudra donc que vous disiez que vous allez vous établir : cette assurance de votre part, jointe aux renseignemens que l'on ira prendre chez un de mes amis qui nous servira bien, suffiront pour inspirer la confiance nécessaire; et d'ailleurs vous êtes connu. Laissez-moi agir, et dans vingt-quatre heures vous posséderez au moins huit mille francs écus, avec lesquels on voit venir. — Je ne pourrai me décider que demain. — J'aurai l'honneur de revenir demain à la même heure. »

J'avoue que le langage de cet homme m'étonna encore plus que celui de mon ancien ami. Le *marron* me proposait tranquillement de tromper un honnête et confiant marchand : c'était une escroquerie des mieux ourdies, dont les résultats pouvaient me perdre totalement. L'agent ministériel m'engageait, en riant, à trahir celui dont j'avais été le subordonné et le complice, à livrer les secrets de sa conduite pour servir le ressentiment d'une Excellence.... Mais tous les deux m'offraient de l'argent, tous les deux mettaient à ma disposition les moyens de me tirer du cruel embarras dans lequel je me trouvais. J'étais affecté de ma position, sans avoir le courage nécessaire pour ne pas succomber : mon cœur était déjà corrompu, et je calculai toute la journée les chances de chacun des deux partis que l'on m'offrait. Il me fallait de l'argent, il m'en fallait à tout prix : si un moyen loyal de m'en procurer se fût présenté à ma pensée, je l'eusse sans doute préféré ; mais il était écrit que je serais entraîné pas à pas dans le gouffre où submergent tous les sentimens honnêtes et généreux.

La journée s'écoula sans que j'eusse pris aucune détermination. Le soir, vers l'heure du dîner, je rencontrai un jeune littérateur, que mes relations avec les libéraux m'avaient fait connaître : il s'était créé lui-même une réputation avantageuse, et on lui accordait un beau caractère. Après les complimens d'usage et le chapitre des nouvelles, je lui proposai d'aller dîner ensemble, ce qu'il accepta.

Vous devez être heureux, lui dis-je avant de nous séparer; vos ouvrages ont du succès, ils vous procurent de la gloire, et, sans doute, de l'argent aussi. Hélas, me répondit-il, je suis loin d'être dans une situation aussi avantageuse que vous le supposez : toujours pressé par le besoin, je suis forcé de vendre par avance, et à vil prix, le produit de mes veilles, et je n'ai pas plutôt touché quelques fonds, que d'avides créanciers m'en dépouillent. Depuis deux ans, je ne travaille que pour eux, sans pouvoir les contenter : si l'espoir de jouir enfin des fruits de ma persévérance ne relevait mon courage souvent abattu, j'aurais renoncé vingt fois à écrire. Je crois toucher maintenant au terme de mes peines ; encore un an de travail, et j'arriverai peut-être à une honnête aisance. J'aurai ainsi traversé des années de malheur sans que l'on puisse me reprocher aucune bassesse. Je le dois à mes principes ; ce sont eux qui m'ont fait supporter la misère, plutôt que de transiger avec ma conscience et mes opinions : sans ces principes innés en moi, j'eusse probablement succombé comme tant d'autres, j'eusse vendu ma plume et ma conscience au pouvoir, pour satisfaire les besoins que j'éprouvais; je me serais déshonoré, tandis qu'à chaque nouveau trait de l'adversité, j'ai toujours pu m'écrier comme François Ier : *Tout est perdu fors l'honneur.*

La conversation de ce jeune homme, que je savais avoir été plongé dans une situation désolante, et qui, à force de courage, avait pourtant surmonté noblement ses infortunes, me faisait rougir. Je sentais que je n'étais déjà plus digne de l'amitié franche qu'il avait pour moi, et que bientôt il aurait le droit de me mépriser. « Je vous félicite, lui dis-je, vous êtes un de ces hommes rares, dans un siècle où tout cède à la corruption. Détrompez-vous, reprit-il vivement, la génération qui s'élève est loin de ressembler à ces êtres méprisables, restes impurs de la fange révolutionnaire et du despotisme impérial, qui se vendent impudemment au premier ministre qui veut les acheter. Le propre du siècle est de voir aller au-devant des faveurs corruptrices ces hommes déjà gorgés d'or et de faveurs, tandis que le pauvre, que celui que l'on pourrait excuser s'il se laissait séduire, résiste à la corruption. Si les circonstances le permettent jamais, vous verrez sortir des rangs de cette généreuse jeunesse des caractères plus beaux que ceux que nous admirons chez les anciens peuples. Conservons-nous purs, ajouta-t-il en me pressant la main, notre patriotisme et notre désintéressement ne seront pas toujours des crimes. Adieu. »

Il m'est impossible de décrire toutes les sensations pénibles que j'éprouvai dans cette journée. Je méprisais l'agent ministériel et le *marron*, qui me proposaient tous deux des actions condamnables : j'admirais le jeune littérateur libéral, et je n'avais pas assez de force d'âme pour l'imiter, pour supporter, comme il l'avait fait, tout le poids de l'adversité, sans fléchir un seul instant. Je ne savais quel parti je devais prendre, et pourtant il ne me restait plus que quelques heures, puisque le lendemain matin on devait venir chez moi recevoir une réponse définitive.

Accablé par tous les combats qui s'étaient livrés dans mon âme, je me décidai à aller chercher quelques instans de tranquillité dans la société de M. Dorbourg. Jamais son aimable fille ne m'avait paru plus belle ni plus intéressante. Une douce mélancolie régnait dans tous ses traits ; je m'apercevais que son cœur souffrait, et je crus que la tristesse, que je voulais vainement cacher, avait causé sympathiquement la sienne. Je m'approchai d'elle dès que les bienséances me le permirent, pour lui adresser quelques complimens ; mais elle ne me laissa pas le temps de réunir mes idées. — « Monsieur, me dit-elle en baissant les yeux, je dois vous entretenir de choses très-sérieuses ; tâchez de ne pas vous engager dans les parties que l'on va former, et dès que l'on jouera, faites en sorte de venir vous placer près de moi.» Je ne sais pourquoi ces paroles portèrent un nouveau trouble dans mon âme : mon inquiétude augmenta jusqu'au moment où je pus enfin m'approcher de mademoiselle Dorbourg. — « Reprenez, me dit-elle aussitôt, ces manières aisées que vous avez ordinairement, n'ayez pas l'air de m'écouter trop attentivement : il est important que l'on ne s'aperçoive pas du sérieux de notre conversation. Monsieur Edmond, continua-t-elle après une courte pause, vous avez été bien accueilli dans notre maison; mon frère ne parlait que de vous, et mon père faisait souvent votre éloge en ma présence; tout le monde vous aimait. Les choses paraissent changées aujourd'hui. Vous vous êtes laissé entraîner dans des sociétés corrompues; vous avez insensiblement contracté des habitudes et des défauts que mon père blâme beaucoup; en continuant à vivre ainsi, vous me préparez le chagrin de vous voir bientôt éloigner de notre maison. Mon père, qui connaît vos sentimens, ne souffrira pas plus longtemps que vous veniez me les exprimer, et notre porte vous sera fermée à jamais. Il ne vous reste qu'un parti à prendre; partez au plutôt de Paris, quittez toutes les connaissances dangereuses que vous y avez; allez vivre chez votre père jusqu'à ce que les impressions fâcheuses que votre conduite a fait naître soient détruites; revenez alors avec l'intention de vivre d'une manière plus honorable, et vous nous retrouverez tous disposés à vous rendre notre estime et notre amitié.» En achevant ces mots, mademoiselle Dorbourg se leva beaucoup plus émue qu'elle ne voulait le paraître, et fut se mêler à la conversation générale. Quant à moi, je restai long-temps immobile dans l'embrasure d'une fenêtre, d'où je m'arrachai avec l'intention de dire adieu pour long-temps à Paris. Je passai la nuit à faire mes malles, et tout était prêt pour mon départ bien avant l'aurore.

Je m'étais assoupi un instant dans un fauteuil, lorsque le bruit de ma sonnette que l'on agitait vivement me réveilla en sursaut. C'était un jeune domestique qui m'avait servi pendant quelque temps, et qui m'était resté fort attaché. Il venait m'apprendre que, s'étant trouvé, la veille, chez un marchand de vin où étaient quelques autres personnes, qu'il suppose être des recors, il leur avait entendu dire que je serais arrêté ce matin même et conduit à Sainte-Pélagie, à la requête de l'un de mes créanciers : cet honnête garçon était venu plusieurs fois dans la soirée pour me prévenir, et n'ayant pu me trouver, il avait cru pouvoir déranger mon sommeil pour une affaire si importante. Il me suppliait de ne pas sortir avant d'avoir fait un arrangement avec le créancier, car les hommes chargés de s'emparer de ma personne regardaient cette commission comme très-bonne pour eux, et n'auraient pas manqué de l'exécuter.

Comme tout ce que venait de m'annoncer ce jeune homme était probable, je le fis rester pour voir s'il reconnaîtrait les gens qu'il avait entendus la veille, dans le cas où ils se présenteraient à ma porte. Cette précaution ne fut point inutile, car les recors ne tardèrent pas à venir questionner mon portier ; ils se placèrent ensuite en embuscade, où on me les fit voir de mes fenêtres. Sans le zèle et l'attachement de ce brave jeune homme, il est très-probable que j'eusse été arrêté au moment de partir.

Je ne savais plus quel parti

prendre ; je voulais bien toujours obéir à Mademoiselle Dorbourg, m'arracher d'une ville où je traînais une existence pénible ; mais il me fallait de l'argent : sans argent je ne pouvais faire un pas hors de chez moi, et je ne voyais aucun moyen de m'en procurer. Ma situation était affreuse.

Vers les dix heures, Dufaux arriva. Le ministre est très-pressé, me dit-il, il faut accepter ou refuser sur-le-champ. Intéressé, sans doute, à me voir servir les projets de Son Excellence, Dufaux trouva les moyens de combattre les scrupules qui me restaient ;

dès qu'il me vit ébranlé, il sortit de sa poche un cahier de papier disposé par demandes et réponses, le plaça devant moi et m'annonça qu'il ne me quitterait pas que je n'eusse répondu à toutes les questions du ministre, m'assurant que le soir même je recevrais des preuves de la libéralité de Son Excellence.

Je pris la plume malgré moi, et j'écrivis tout ce qu'on voulait savoir. Ma main tremblait, car je ne me dissimulais pas toute la bassesse de l'action que je faisais. Nous nous étions enfermés ; j'aurais voulu être à cent pieds sous terre : j'éprouvais un frisson mortel toutes les fois que quelqu'un sonnait. Le tour du *marron* ne tarda pas à venir : je le reçus à la porte, et sans lui donner le temps de me tracer un nouveau tableau de tous les avantages dont il voulait me faire jouir, je le remerciai froidement de ses services. Jamais homme ne fut plus désappointé que lui ; la mauvaise humeur qu'il exhala aussitôt m'apprit qu'il avait compté sur de gros bénéfices.

Il était presque nuit lorsque j'achevai d'écrire mes notes. Je m'étais cru obligé à ne rien omettre de ce qui pouvait être utile au ministre ! Le travail était complet.

Son Excellence fut si contente de ces renseignemens, que le soir même elle me fit remettre par Dufaux quinze mille francs[1].

La vue de cet or me fit tressaillir de joie ; j'oubliai ce qu'il m'avait coûté, pour ne voir que les changemens heureux qui allaient s'opérer dans ma situation. En effet, au bout de deux jours, toutes mes plus mauvaises affaires étaient ar-

[1] J'appris, long-temps après, que le ministre avait fait compter à Dufaux vingt mille francs, et que cet agent, aussi peu délicat que tous ceux de son espèce, avait cru devoir garder le quart de la somme pour ses peines, tandis que le ministre l'en avait déjà amplement dédommagé.

rangées, et je reparus dans le monde plus brillant que jamais. Je m'excusai auprès de mademoiselle Dorbourg de ne point avoir rempli son attente, en lui laissant entrevoir qu'étant au moment d'obtenir un emploi et un intérêt dans une entreprise honorable, il m'était impossible de m'éloigner de Paris. Au reste, je lui promis de me conduire dorénavant de manière à ramener son père aux sentimens de bienveillance qu'il m'avait montrés naguères, et à mériter de nouveau l'estime de toute sa famille. En faisant ces promesses à cette aimable personne, j'étais sincère; je voulais fuir les mauvaises sociétés qui m'avaient entraîné dans l'abîme ; je songeais sérieusement à quitter la route que je suivais depuis quelque temps, route glissante qui m'avait insensiblement conduit jusqu'à transiger avec ma conscience ; j'espérais de n'être jamais plus forcé à faire des choses dont j'aurais à rougir, et comme je pouvais compter sur le plus grand secret ; j'étais tranquille pour les suites de l'indiscrétion qui venait de m'être si utile.

Dès que les circonstances, qui entraînent ordinairement les hommes, deviennent moins difficiles à surmonter, on se trouve aussitôt beaucoup plus maître de soi et de ses actions. L'argent que j'avais reçu, et dont plus de la moitié avait déjà été employée à arranger mes affaires, m'avait mis à même de vivre d'une manière beaucoup moins déréglée; ma conduite, pendant les premiers mois qui suivirent, me concilia de nouveau l'amitié de la famille Dorbourg : j'entrevoyais le moment où tous mes vœux seraient enfin comblés. Mademoiselle Dorbourg ne me cachait plus le tendre intérêt qu'elle me portait; son père le voyait avec satisfaction, et son frère murmurait des lenteurs que l'on apportait à notre union. M. Dorbourg différait cette union, parce que, en homme prudent, il voulait me soumettre à de longues épreuves : mes écarts l'avaient justement alarmé.

Ma position dans le monde politique, où l'on ignorait mes complaisances pour le ministre, me mettait à même de voir tous les hommes marquans de l'opposition. L'un des plus éminens, le duc de N..., me sachant sans emploi et sans occupation, m'offrit de me prendre chez lui en qualité de secrétaire et d'ami. M. Dorbourg, à qui je fis part de cette offre, me pressa beaucoup de l'accepter : dès le lendemain, je fus installé chez le duc. Les prévenances, les attentions, les égards, m'étaient prodigués par ses ordres, et lui-même ne cessait de me donner des preuves d'amitié et de confiance.

A cette époque, le ministère, engagé dans une fausse route, craignait d'être renversé par l'opposition; chaque ministre employait tous les moyens qui étaient en son pouvoir pour connaître les projets des libéraux, afin de les déjouer. L'or, les faveurs, les rubans, étaient prodigués pour cette affaire d'amour-propre personnel, comme s'il sagissait du salut de la patrie. Dufaux, qui m'avait déjà séduit, était, sans que l'on s'en doutât, l'agent le plus actif d'un des ministres : ce misérable, ayant appris que, par mes rapports, je devais être initié dans tous les secrets des libéraux, m'écrivit pour me donner un rendez-vous, où, me disait-il, il m'aurait entretenu de choses qui devaient m'intéresser beaucoup. Mon premier mouvement fut de refuser cette entrevue; mais réfléchissant ensuite combien j'avais besoin de ménager cet homme, je m'y rendis, en me promettant de bien me tenir sur mes gardes, persuadé qu'il allait me tendre quelque nouveau piége.

Dufaux avait, sans doute, ses instructions pour aller droit au but avec moi; mais quels que fussent les antécédens qui pouvaient l'autoriser à en agir ainsi, il crut qu'il remplirait bien mieux sa mission en employant l'adresse et la ruse. Il commença donc par me dire, en déjeunant, qu'il n'avait eu d'autre motif, pour me donner un rendez-vous, que celui de m'assurer de vive voix que mes notes n'existaient plus, les ayant brûlées lui-même, dès que le ministre n'en avait plus eu besoin. Ainsi, continua-t-il, quelque changement qui puisse arriver dans la composition du ministère, vous pouvez être entièrement rassuré. Dufaux avait eu le soin d'animer notre conversation avec du champagne; les effets de ce vin se firent bientôt sentir, et nous parlâmes comme des gens de la même opinion; il ne cessait de m'exciter: quand à lui il avait conservé assez de présence d'esprit pour faire son profit de tous les mots qu'il jugeait pouvoir rapporter au ministre. Enfin, lorsqu'il me vit la tête échauffée, et qu'il s'aperçut que mes principes n'étaient pas invariables, il me parla à peu près en ces termes :

« Je vois avec peine, mon cher ami, que vous vous soyez jeté dans un parti qui ne peut vous faire aucun bien, ni vous procurer aucun avantage ; avec les opinions que vous avez embrassées, vous végéterez, vous vivrez misérablement ; tandis que ceux qui ont quelques complaisances pour les ministres prospèrent, font rapidement leur fortune, et peuvent, en peu d'années, aller étaler leur opulence et leurs décorations aux yeux des habitans de leurs départemens, qui ne cherchent guère à savoir comment ces richesses et ces distinctions ont été acquises. Vous croyez servir la cause de la liberté? Vous n'avez réellement embrassé que celle de quelques hommes ambitieux. Puisque nous sommes condamnés à servir des ambitieux, je ne vois pas, mon cher Edmond, pourquoi nous donnerions la préférence à ceux qui ne peuvent en aucune manière récompenser notre dévouement. Eh qu'espérez-vous de vos grands libéraux? Ne voyez-vous pas que chacun d'eux n'est dirigé que par l'égoïsme? Jamais ils ne compromettront ni leurs personnes ni leurs fortunes pour faire triompher la cause qu'ils semblent défendre. Hardis à la tribune, vous les trouverez toujours faibles dans le danger ; ils laisseront constamment sacrifier les imprudens qui tenteraient de les placer au pouvoir, et si vous pouviez réussir, ils ne rougiraient point de vous ravir les fruits de vos conquêtes : tout alors serait pour eux seuls. Voyez ce fougueux tribun du peuple, entendez-le tonner dans l'enceinte inviolable : eh bien ! il deviendra muet dès que le ministère lui accordera une ambassade ou une direction générale. Écoutez ces riches banquiers, comme ils s'élèvent contre toutes les mesures financières que propose le ministre! Pensez-vous que ce soit l'intérêt du peuple qui les mette si fort en courroux? Non : le ministre les a écartés d'une affaire lucrative qui pouvait doubler leur fortune, ils crient contre le ministre; si demain ce même ministre concevait une opération désastreuse pour le peuple, mais dans laquelle il accorderait une part à ses adversaires, vous les verriez tous se ranger du côté de leur intérêt. Ces anciens nobles, porteurs de beaux noms, qui depuis long-temps se sont faits les apôtres de l'égalité, et combattent à outrance les priviléges, vous les croyez probablement des Brutus? qu'ils soient portés à la pairie, et vous les entendrez parler en faveur du droit d'aînesse; et ces généraux qui s'élèvent contre les guerres injustes, qui font des vœux pour que les peuples libres ne soient pas opprimés par les baïonnettes du despotisme, vous les verriez, peut-être, marcher à la tête des armées liberticides, si on leur en confiait le commandement; et, enfin, ces journalistes, portevoix quotidiens de quelques coteries, qui ne cessent de vous répéter qu'aucune considération humaine ne pourra changer leurs principes, ni leur langage, vous les verrez céder honteusement à la crainte ou à l'intérêt. N'appuyez pas plus long-temps la cause de quelques hommes entraînans, qui vous abandonneront dès que vous serez obligé de vous appuyer sur eux. Croyez-moi, ces vertus civiques, ce patriotisme pur, dont nous trouvons tant d'exemples chez les anciens peuples, et dans les annales de notre révolution, n'existent plus en France, ou s'ils existent, on ne les aperçoit qu'en germe dans le cœur des générations qui s'élèvent; tout le reste est corrompu, ou près de l'être.»

J'avais écouté en silence la longue boutade de Dufaux contre les libéraux, je sentais qu'il les calomniait, et je reconnaissais dans cette diatribe le langage ordinaire des hommes vendus au pouvoir. J'aurais voulu combattre les assertions de Dufaux, et lui citer toutes les honorables exceptions que l'on peut faire; malheureusement mes idées étaient troublées, confuses, je ne pus arranger deux mots de suite. Dufaux prit mon silence pour une approbation, et ne voulut me quitter qu'après avoir obtenu la promesse que nous nous retrouverions au même lieu le surlendemain.

Le soir, la tête encore toute échauffée par le vin de Champagne, je me laissai entraîner dans une de ces soirées brillantes que l'on m'assurait devoir être très-bien composée. En effet, un essaim de jeunes et jolies dames semblait s'y être donné rendez-vous. Des quadrilles, que l'on eût dit formés par les grâces elles-mêmes, fixèrent d'abord l'attention des jeunes gens; mais bientôt après on commença à jouer, et en moins d'une heure les cavaliers avaient tous déserté la salle de la danse, pour s'entasser autour des tables de l'écarté. Le jeu, d'abord modéré, s'anima insensiblement; l'or et les billets de banque remplacèrent les pièces d'argent; les pertes devinrent sensibles : de jeunes dames perdirent en moins d'une heure le fruit du travail de leurs maris pendant un trimestre, et des maris imprudens ébréchèrent en un clin-d'œil la dot de leurs femmes : c'était une véritable rage; elle me gagna. Je voulus lutter contre un joueur dont l'insolent bonheur me fatiguait; je crus que ce bonheur devait être épuisé : je m'obstinai contre lui, c'était un maître fripon, je fus une de ses dupes. Je perdis tout ce que j'avais; j'empruntai ensuite à toutes mes connaissances, et je finis par jouer sur parole. Cette soirée me coûta dix mille francs, que j'étais loin de posséder.

Comme on est convenu d'appeler sacrées les dettes du jeu, celles que j'avais contractées dans cette nuit me causèrent plus de peine que ne l'auraient fait de véritables dettes d'honneur : je passai plusieurs heures à me tourmenter l'esprit sans trouver aucun moyen de faire face à mes pertes : j'étais désolé. Dufaux, qui n'ignorait rien, connut bientôt ma situation : il jugea l'occasion favorable pour me précipiter dans le piége, et sous prétexte de passer quelques momens de plus avec moi, il vint me prendre long-temps avant l'heure fixée pour notre rendez-vous.

Il me fut impossible de lui cacher ma tristesse, et dès lors je dus aussi lui en avouer la cause. Ce misérable sentit combien ma situation devait être embarrassante; il fit semblant d'en être vivement affecté, et se promena long-temps en se frappant le front, comme quelqu'un qui cherche des ressources dans son imagination. Tout-à-coup il s'élance vers moi, et me saisissant fortement par le bras: « Mon ami, s'écria-t-il, si vous le voulez, vous pouvez vous sauver encore une fois, sans être obligé d'aller faire connaître vos affaires à des gens qui ne vous ouvriront probablement pas leur bourse, et sans employer des expédiens qui ne feraient qu'agraver votre position. » S'apercevant, après ce prélude, que je l'écoutais attentivement, ce vil agent de corruption continua à demi voix : « Je sais, me dit-il, qu'en ce moment les ministres ont des inquiétudes, et qu'ils craignent d'être renversés par les libéraux; nul doute que celui qui dévoilera les plans et les projets de l'opposition contre le ministère ne fût généreusement récompensé par Leurs Excellences, et surtout si on pouvait leur fournir une copie de quelques circulaires et de certaine protestation que l'on sait exister. Tous les secrets du parti que vous avez embrassé, mon cher Edmond, sont entre vos mains ; ces projets n'ont sans doute d'autre importance que celle que les ministres y attachent, et ne peuvent compromettre personne : cependant je suis sûr que le ministre donnerait sur-le-champ douze à quinze mille francs pour les connaître. Vous pouvez, comme la première fois, compter sur la plus grande discrétion. Consultez-vous, Edmond, ce soir je viendrai savoir ce que vous aurez résolu. » En achevant ces mots, Dufaux me quitta, persuadé que j'étais ébranlé, et que ma position me forcerait à suivre ses perfides conseils.

Il ne se trompait pas. Je ne vis dans sa proposition qu'une planche de salut. En ce moment, douze à quinze mille francs balançaient, à mes yeux, toutes les trahisons, toutes les bassesses possibles ; cet argent seul pouvait me rendre la vie : en le refusant je ne faisais qu'aggraver mes maux. J'aimais d'ailleurs à me flatter que personne ne saurait jamais ce qu'il me coûtait, et l'impunité de mon premier essai m'enhardit à en faire un second, sans réfléchir qu'il pouvait être plus dangereux.

Le pressant besoin que j'éprouvais d'acquitter les dettes contractées au jeu, et le plaisir que je goûtais par avance d'être libéré et de posséder quelques billets de banque, me firent agir avec la plus grande célérité et presque sans crainte ni remords. Je trouvai, dans les papiers que le duc de N... m'avait confiés, quelques-unes des pièces que le ministre tenait tant à avoir ; elles me parurent sans la moindre conséquence, et en auraient-elles eu beaucoup, j'avoue que je ne les eusse pas moins livrées, tant l'appât de l'or m'avait perverti. J'ajoutai à ces pièces quelques notes sur les projets de l'opposition, qui devaient satisfaire complètement la curiosité du ministre, et qui pouvaient, en même temps, lui être utiles pour conserver son portefeuille.

Dufaux ne manqua pas de venir ; il parut agréablement surpris en apprenant que j'avais déjà tout préparé : il parcourut avidement les pièces et les notes, m'assura que

Son Excellence ne pouvait assez payer le service que je lui rendais, et courut lui porter le paquet contenant tous les prétendus secrets des libéraux.

Si je ne me trompe, le ministère d'alors attachait plus d'importance à connaître ce qui se disait dans quelques cercles peu dangereux pour la tranquillité de l'état, et même dans l'intérieur de quelques familles inoffensives, qu'à pénétrer les secrets et les projets des cabinets de l'Europe ; aussi ne négligeait-il rien pour parvenir à son but : la France s'était couverte d'agens secrets, dont la mission était de corrompre à force d'argent et de promesses. Dufaux était connu pour l'un de ces agens. Je l'ignorais la première fois qu'il vint me voir, et lorsque je pus m'en douter il n'était plus temps de le repousser. Ce malheureux, plus encore que la funeste passion du jeu, fut la cause de mon déshonneur ; et pourtant dans cette circonstance, comme dans la première, je croyais lui avoir de grandes obligations !

Le lendemain matin Dufaux vint m'apporter le prix de ma trahison ; mais au lieu de quinze mille francs dont il m'avait parlé, il ne m'en remit que dix mille : cette somme était néanmoins suffisante pour payer mes dettes ; je me trouvais trop heureux de pouvoir me libérer : je pris l'argent du ministre sans demander aucune explication à Dufaux. Je le quittai un instant après en lui rappelant le secret qu'il avait promis de me garder.

Tant que les dix mille francs restèrent entre mes mains, je n'éprouvai ni remords, ni crainte; mais dès qu'ils furent employés, et que je me trouvai presque aussi pauvre qu'avant de les avoir reçus, les remords se firent sentir quelquefois, et la crainte ne cessa de me tourmenter.

Heureusement, je voyais un terme très-prochain à cette pénible existence : j'étais complètement réhabilité dans l'opinion de la famille Dorbourg ; on m'accueillait comme le fils de la maison , on avait enfin parlé sérieusement de mariage, on en faisait même les apprêts, et l'on avait décidé que nous partirions bientôt pour la campagne, où les noces devaient se célébrer. Toutes ces dispositions m'arrangeaient infiniment, et j'aurais été l'homme le plus heureux si je n'eusse toujours redouté que ma conduite ne vînt à être découverte.

Nous étions enfin arrivés au moment de notre départ pour la campagne. Mademoiselle Dorbourg, la plus aimable et la meilleure personne du monde, travaillait elle-même aux préparatifs de ce voyage; une douce joie brillait sur sa figure céleste. Hélas! cette joie ne fut pas le précurseur du bonheur....

Tout-à-coup le bruit se répandit dans les cercles de Paris, que le ministère, en suivant son système de corruption, avait séduit le secrétaire d'un des personnages les plus marquans de l'opposition, et qu'il en avait obtenu tous les secrets du parti. On se récriait beaucoup sur cette inquisition de la pensée, sur la violation de l'intérieur des domiciles, sur la bassesse des moyens employés : mais on s'élevait encore plus vivement sur la lâcheté de ces misérables transfuges de la cause de la liberté, qui mettent leur conscience aux enchères, ainsi qu'on y mettait autrefois les esclaves, et qui se vendent aux ministres, comme si les faveurs du pouvoir pouvaient laver les taches indélébiles du déshonneur.

Cette affaire faisait beaucoup de bruit, et dès le lendemain les journaux s'en emparèrent. Je tremblais de tous mes membres : j'aurais voulu être dans les entrailles de la terre. Cependant, jusque là on ne désignait ni le libéral dont les secrets avaient été violés, ni celui qui avait abusé de sa confiance. J'espérais pouvoir en être quitte pour la peur, car il ne pouvait exister aucune preuve.

Cette espèce de sécurité ne tarda pas à m'être ravie ; on sut bientôt que le duc de N.... était le personnage dont le ministère avait corrompu les alentours, et que ses papiers secrets étaient ceux qu'on avait livrés au ministre. Les soupçons se dirigèrent sur moi.

Je me présentai chez le duc comme à l'ordinaire. Son accueil fut froid. « Monsieur Edmond, me dit-il, l'examen que je viens de faire de mes papiers m'a donné la triste certitude que j'ai été trahi. Il m'est impossible de savoir quel est le malheureux qui a abusé de ma confiance : je veux bien croire que ce ne peut être qu'un vil domestique ; mais dans l'incertitude où je suis, ne voulant accuser qui que ce soit, je dois au moins, pour ma tranquillité, éloigner toutes les personnes sur lesquelles un soupçon, même injuste, pourrait planer. La mesure que je prends est générale, je remercie tout le monde sans exception, elle ne peut donc jeter aucune défaveur sur personne. Je regrette de ne pouvoir faire une exception pour vous; adieu, Monsieur, soyez persuadé que ma bouche ne vous accusera jamais, et que je fais des vœux pour votre bonheur. »

Je voulus chercher à me disculper; mais le duc me répéta que ce soin était inutile, puisqu'il ne m'accusait pas. Je sortis anéanti.

Toutes les conséquences de cette affaire se présentèrent alors à mon imagination : je vis mon mariage rompu, mon bonheur et mes espérances détruites : je vis la honte et le déshonneur me poursuivant sans cesse ; je me vis rejeté par tout le monde comme un objet d'horreur ; et enfin, j'aperçus dans le lointain la triste et hideuse misère. Je sentis alors combien le manque de principes chez un homme peut lui faire commettre de fautes graves, et combien une première transaction avec la conscience peut avoir des suites terribles. Les leçons de mon respectable père se présentèrent alors à ma pensée ; mais il était trop tard pour les suivre : j'étais perdu sans aucun espoir.

Cependant, comme je ne pouvais pas quitter ainsi la maison Dorbourg, à laquelle tant de souvenirs m'attachaient si fortement, je résolus d'aller m'y présenter comme à l'ordinaire, et d'attendre l'explication que je redoutais tant. M. Dorbourg n'était pas chez lui lorsque j'y arrivai, rien ne me parut changé à mon égard; mêmes prévenances de la part du fils : quant à mademoiselle Dorbourg, jamais elle ne m'avait fait un accueil plus enchanteur et plus tendre : ah ! sans doute cette adorable fille m'aimait sincèrement. Hélas ! au moment où je puisais encore dans ses regards l'espoir de devenir son époux, elle était déjà perdue à jamais pour moi !

M. Dorbourg arriva un moment

après ; il fit appeler sa fille, et je restai seul, livré à la plus cruelle anxiété. Au bout d'une demi-heure, un domestique vint m'annoncer que M. Dorbourg et sa demoiselle étant occupés pour toute la journée, je ne pourrais les voir. J'aperçus la foudre vengeresse prête à éclater sur ma tête ; je quittai aussitôt la maison Dorbourg pour aller m'enfermer chez moi, où je passai la nuit dans les plus terribles angoisses.

Tout ce que je redoutais arriva. Dès le matin on vint m'apporter un paquet de la part de M. Dorbourg : je l'ouvris en tremblant ; il contenait ces deux lettres. La première, de M. Dorbourg, était conçue en ces termes :

« Je vous ai accueilli chez moi, « monsieur, comme le fils d'un an-« cien ami, d'un brave que j'esti-« mais; je ne doutais pas que vous « ne fussiez digne de toute mon « amitié, je vous l'avais accordée: « mon fils vous regardait comme « son frère, et ma fille était prête à « vous donner un titre encore plus « doux. J'étais loin de m'opposer à « son bonheur, car j'aimais à me « persuader que, malgré quelques « étourderies pardonnables à votre « âge, vous pouviez la rendre heu-« reuse. Je vous supposais de bonnes

« qualités et des sentimens hono-
« rables : j'aime encore à croire que
« vous les possédez.

« Cependant, des bruits injurieux
« ont circulé sur votre compte ;
« mon cœur les repousse et ne veut
« les considérer que comme une
« lâche calomnie. Le temps vous
« justifiera entièrement, je l'espère ;
« mais en attendant, l'honneur de
« ma famille m'oblige à rompre
« avec vous et à ne plus vous voir.

« Il m'en coûte beaucoup, mon-
« sieur, de venir augmenter l'afflic-
« tion que vous devez éprouver,
« il m'eût été bien plus agréable de
« vous offrir les consolations de l'a-

« mitié : je ne puis le faire dans ce « moment. Lorsqu'il ne me restera « plus aucun doute que l'on vous « a calomnié, lorsque je serai cer- « tain que votre conscience et vos « mains sont pures, je travaillerai « de tous mes moyens à vous faire « oublier les chagrins que vous « éprouvez.

DORBOURG. »

La seconde lettre, renfermée dans le paquet, était de mademoiselle Dorbourg ; elle ne contenait que ce peu de lignes :

« Au moment de serrer le lien « qui devait m'unir à vous pour la « vie, mon père m'ordonne de ne

« plus vous voir. J'en mourrai ;
« mais je dois lui obéir. Qu'avez-vous
« donc fait, malheureux Edmond ?
« Je ne puis croire que vous ayez
« manqué à l'honneur. L'homme
« que mon cœur avait choisi n'est
« point un de ces êtres que la so-
« ciété repousse de son sein. Si
« vous avez été calomnié, hâtez-
« vous de le prouver à mon père,
« vous rendrez la vie à l'infortunée

AMÉLIE.

« *P. S.* Les préparatifs que je
« vois faire autour de moi m'an-
« noncent que nous allons partir
« pour la campagne. Hélas ! vous

« deviez être de ce voyage !.... Sans « vous, Edmond, je n'aurai pas la « force de l'achever. »

J'appris le lendemain qu'effectivement M. Dorbourg, sans avoir égard à la situation de sa fille, qui se trouva très-mal, était parti pour une terre fort éloignée de Paris, et que tout annonçait qu'il y ferait un long séjour.

Les secousses terribles que je venais d'éprouver ébranlèrent mon moral : je passai plus de vingt jours dans un état qui tenait de l'imbécillité et de la démence ; je ne parlais à personne, je fuyais le monde, et l'on ne me rencontrait que dans les bois et les solitudes.

Un jour, après avoir parcouru à pied une partie des environs de Paris, j'arrivai dans le bois de Vincennes. Accablé de lassitude, mes forces m'abandonnèrent, et je tombai évanoui au pied d'un arbre. Je crus rêver qu'on m'avait transporté dans une voiture, et en effet, lorsque je repris mes sens, je me trouvai couché sur un élégant sopha, entouré d'un jeune médecin, dont la figure ne m'était pas inconnue, et de deux jolies femmes, qui me prodiguaient les soins les plus empressés. J'étais si faible qu'il me fut impossible de leur témoigner ma reconnaissance autrement que par quelques mots sans suite.

Le lendemain la fièvre se déclara avec violence; je passai trois jours dans le délire, appelant sans cesse Amélie. Les hôtesses aimables qui m'avaient recueilli, crurent avoir découvert mon secret, et le médecin lui-même, trouvant quelque chose d'extraordinaire dans mon état, pensa, avec ces dames, qu'une grande et malheureuse passion était la cause du dérangement de ma santé et de mes facultés intellectuelles; on épiait mes moindres mots et l'on se plaisait ensuite à former mille conjectures, à arranger cent romans.

Le premier usage que je fis de la parole, en reprenant mes sens, fut de témoigner toute ma gratitude et toute ma reconnaissance à celles qui m'avaient prodigué tant de soins, et de les prier de vouloir bien me faire transporter chez moi ; mais la maîtresse de la maison où j'étais s'opposa vivement à mes désirs : « Vous n'êtes pas guéri, me dit-elle, votre maladie peut être encore fort longue, vous avez besoin de soins ; qui vous les donnera puisque vous êtes garçon et que vos parens ne sont pas ici ?

Restez chez moi, Monsieur, vous ne me gênez nullement; lorsque vous serez complètement rétabli, je ne vous retiendrai plus : mais jusqu'alors vous êtes mon prisonnier : soyez docile, et laissez-moi le plaisir d'achever votre guérison. »

Je ne pus m'empêcher de remarquer que ces paroles étaient prononcées avec l'accent de l'intérêt, et que ma belle hôtesse appuya fortement sur les derniers mots.

Tout ce que je voyais, tout ce que j'entendais était encore une énigme pour moi. Comment me trouvais-je dans cette maison ? chez qui étais-je ? Telles étaient les questions que je m'adressais cent fois par jour depuis l'instant où la raison m'avait été rendue.

La curiosité l'emporta enfin sur la crainte d'être indiscret : je hasardai quelques questions, et j'appris que j'étais chez Madame de Saint-Alban. Ce nom me fit supposer que mon hôtesse devait être une femme de qualité : mais c'était là tout ce que je pouvais deviner. L'espèce de mystère dont on semblait vouloir s'entourer m'obligea à tout observer afin d'en déduire ensuite des conjectures fondées.

Tout dans l'hôtel de madame de Saint-Alban respirait le luxe ; elle-même paraissait l'aimer, car sa mise était toujours d'une élégance recherchée. Aucun homme, si ce n'est les domestiques et le médecin, ne s'était montré à mes yeux depuis que j'étais chez elle. Son amie, que j'entendis appeler madame de Fréville, n'habitait point le même hôtel; elle y passait néanmoins presque toute la journée.

Adèle de Saint-Alban était une belle et jolie femme ; je supposais qu'elle avait trente-quatre à trente-cinq ans, mais elle mettait tant de soin à paraître plus jeune, qu'elle parvenait aisément à dérober cinq à six années. Son port était noble, sa figure pleine de douceur et de gaîté, ses manières aisées, son esprit cultivée; c'était, en un mot, une femme séduisante : elle plaisait d'abord, et devait plaire long-temps.

Madame de Fréville était moins belle femme, moins jolie, peut-être, mais plus sentimentale; sa figure portait l'empreinte d'une douce mélancolie qui intéressait; le son de sa voix pénétrait jusqu'au cœur.

Quant au jeune médecin, dont les soins ne se démentirent pas un instant , je me rappelais l'avoir rencontré dans plusieurs sociétés, où il jouissait d'une considération distinguée. Il était petit, brun ; sa physionomie toute méridionale était remplie d'expression et de vivacité ; sa conversation était celle d'un homme instruit et aimable : je crûs m'apercevoir qu'il avait touché le cœur de madame de Fréville, et que la plus tendre intimité régnait entre eux : je ne me trompai pas.

Telle était la société qui charmait les ennuis d'une longue convalescence. Dès le matin madame de Saint-Alban entrait dans mon

BIBLIOTHÈQUE ROYALE

appartement, et ne le quittait que lorsque je reposais. J'étais l'objet de ses attentions les plus délicates, et l'intérêt qu'elle me portait était si vif que je ne pouvais pas m'y méprendre : elle paraissait me sacrifier tous ses plaisirs, car elle ne sortait presque jamais. Quelquefois ces dames fesaient porter le piano dans mon appartement, afin, disaient-elles, de me distraire et de m'empêcher de penser à celle qui était la cause de mon mal. Je rougissais, j'écoutais et j'oubliais mademoiselle Dorbourg. Bientôt cet ange de bonté, dont j'avais fait le malheur, disparut totalement de mon souvenir ; mon cœur ne voyait plus que madame de Saint-Alban ; son esprit, ses grâces m'avaient séduit : l'aimable familiarité qu'elle se plaisait à établir entre nous acheva de me faire tourner la tête.

Un jour que madame de Saint-Alban venait de me faire le séduisant tableau d'une de ces tendres unions que le hasard forme souvent à Paris, qui n'ont d'autre base qu'un amour mutuel, et qui durent d'autant plus long-temps que chacun est toujours libre de la rompre, je crus qu'elle avait voulu me mettre sur la voie, et je commençai à lui parler des sentimens qu'elle m'avait inspirés; mais à peine avais-je commencé ma déclaration qu'elle mit une de ses belles mains sur ma bouche pour m'imposer silence : « Monsieur Edmond, me dit-elle avec un regard charmant, vous n'êtes pas raisonnable ; on ne doit pas penser à l'amour quand on est malade : rétablissez-vous, et puis.... nous verrons. »

Il ne me fut pas difficile de me rétablir dès l'instant où l'amour et l'espérance devinrent mes médecins. J'arrivai bientôt à ma convalescence, et le docteur jugea que je pouvais commencer à faire quelques promenades en voiture. Madame de Saint-Alban n'eut rien de plus empressé que de préparer une promenade pour le lendemain.

Le docteur et madame de Fréville furent de la partie. On nous conduisit au bois de Vincennes, au même lieu où, deux mois auparavant, j'avais été recueilli par mes nouvelles amies. Cet arrangement me parut un raffinement de délicatesse de la part de madame de Saint-Alban, et je lui en aurais témoigné toute ma reconnaissance, si j'eusse pu vaincre les tristes idées qui m'accablaient en pensant à mademoiselle Dorbourg et à mes fautes. Il me fut impossible ce jour-là de partager l'aimable gaîté de ces dames. Mais j'eus bientôt repoussé tous les souvenirs pénibles qui étaient venus m'assaillir, et tout était oublié au bout de la journée, excepté madame de Saint-Alban.

Nos promenades dans les environs de Paris devinrent très-fréquentes. Le docteur et madame de Fréville en étaient quelquefois ; mais le plus souvent nous n'étions que deux dans la voiture, ou plutôt nous n'étions qu'un.

J'étais parfaitement rétabli, et ma santé, plus brillante que jamais, m'obligeait à faire une nouvelle tentative auprès d'Adèle pour quitter le toit hospitalier sous lequel j'avais retrouvé le bonheur ; je lui en parlai dans une de nos charmantes promenades ; je ne doutais pas qu'elle ne dût y consentir, puisque les convenances lui en imposaient l'obligation : mais quel fut mon désappointement ! « Eh quoi ! me dit-elle en me pressant fortement la main, mon seul ami, celui en qui j'ai placé toute mon affection et toute ma confiance, voudrait me quitter ! Cher Edmond, as-tu pu en concevoir l'idée ? Ignores-tu que je ne pourrais plus vivre sans toi ? Un lâche abandon serait donc le prix de tout mon amour pour toi ? J'avais besoin d'un ami, mon cœur depuis long-temps formé à la tendresse, vient de te choisir, et c'est lorsque je fonde sur toi toutes mes espérances, tout mon bonheur, que tu voudrais me quitter ! Vainement tu me parleras de convenances sociales, vainement tu me montreras la médisance prête à s'exercer sur moi : libre, indépendante comme je le suis, aucun motif ne peut m'empêcher de faire ce qui me convient, et ce qui me plaît est toujours convenable : quant à l'opinion, je n'ai eu à m'en plaindre que lorsque j'ai été assez simple pour la craindre : dès l'instant que je l'ai bravée, elle m'a été favorable. Ainsi, mon cher Edmond, il n'est aucune considération humaine qui puisse m'empêcher de vivre avec toi, d'être constamment près de toi : ne me parle plus de me quitter si tu ne veux pas m'affliger. »

J'étais amoureux, je ne me fis pas prier une seconde fois ; je me laissai installer en maître chez Adèle.

Si mon cœur n'eût pas été corrompu, il m'eût sans doute dicté, dans cette circonstance, une résolution digne d'un homme délicat;

mais tout sentiment généreux était éteint ou étouffé chez moi. Je sentais combien un homme qui se met volontairement à la merci d'une femme, et qui vit à ses dépens, s'avilit et se déshonore ; et pourtant je fermai les yeux sur cette nouvelle bassesse, et je m'endormis sans peine au sein de la mollesse et des plaisirs.

Mon existence auprès d'Adèle était des plus agréables ; cette femme charmante n'avait jamais épuisé les ressources de son esprit, elle me paraissait tous les jours plus aimable : je l'observais attentivement depuis plusieurs mois sans avoir pu surprendre un mot, un geste, une attitude que le bon ton pût désapprouver : je savais cependant qu'elle n'était pas d'un rang distingué ; mais je n'avais pu encore connaître positivement ni la position de sa famille, ni la sienne dans le monde, ni l'origine de la fortune dont elle jouissait. Tourmenté par une curiosité bien naturelle, je tentai, un jour, de surprendre ses secrets en lui adressant des questions captieuses. Toujours pénétrante, toujours prête à deviner les intentions des autres, elle découvrit aussitôt mon but: « Edmond, me dit-elle en souriant, je vois où vous voulez en venir ; vous vous tourmentez pour connaître l'histoire de ma vie : si cela est, pourquoi prendre des biais ? Demain, si vous le voulez, nous irons passer la journée à Montmorency, et là, dans ces mêmes lieux, où tout rappelle le souvenir du trop sensible Jean-Jacques, je vous ferai aussi mes confessions. »

J'embrassai Adèle pour la remercier de son aimable condescendance et je cessai toute question en attendant le lendemain ; mais il me fut impossible de ne pas former mille conjectures sur la vie d'Adèle : je ne doutai pas que, suivant l'usage adopté par un grand nombre de Parisiennes, madame de Saint-Alban ne se peignît d'abord à mes yeux comme une de ces victimes à qui la révolution aurait enlevé et les nobles parens et l'immense fortune : j'avais été habitué à entendre de pareilles lamentations de la part de toutes les femmes dont l'existence était problématique, et lorsque le hasard me faisait ensuite découvrir la vérité, j'apprenais souvent que la plupart n'avaient jamais eu ni parens, ni châteaux à regretter. Je supposais encore qu'Adèle m'aurait appris qu'elle était la veuve de quelqu'un de nos braves généraux morts sur le champ de bataille, car c'est encore là un des usages de nos belles Parisiennes, usage d'autant plus commode, que ces pauvres prétendus maris ne se sont jamais permis de venir donner un honnête démenti à leurs veuves inconsolables.

En faisant toutes ces suppositions, je jugeais Adèle trop défavorablement : il y avait, sans doute, dans son caractère, beaucoup de légèreté ; mais par compensation cette femme charmante ne connaissait guère l'art si commun de la dissimulation. Sa franchise habituelle ne se démentit pas un instant, lorsqu'il fut question d'elle-même.

Dès six heures du matin, nous étions en route pour Montmorency. Un panorama riche et varié ne tarda pas de déployer à nos yeux toute cette délicieuse vallée; nous la contemplions en silence. Adèle, à qui rien n'était étranger, prit enfin la parole pour me servir de cicérone. Elle me montrait *Eaubonny*, si cher à Rousseau; *Saint-Prix*, qu'habita Ginguenée; *Saint-Gratien*, où mourut l'immortel Catinat, et cent autres lieux non moins intéressans par la beauté de leur situation, que par les souvenirs qui s'y rattachent; bientôt nous aperçûmes cette petite porte secrète par laquelle l'auteur de l'*Emile* fut obligé de s'échapper pour éviter la Bastille. Adèle avait lu cent fois la *Nouvelle Héloïse*, son cœur battait en approchant des lieux où le citoyen de Genève écrivit ces lettres brûlantes. Nous y arrivâmes, après avoir totalement oublié le but de notre voyage. J'accompagnai Adèle partout où elle voulut aller; *l'ermitage* ne fut pas oublié, et je ne la priai de satisfaire mon impatience, en m'apprenant enfin ce que je brûlais de savoir depuis si long-temps, que lorsque la fatigue l'obligea de se reposer dans un site admirable.

« Tu veux donc absolument connaître l'histoire de ma vie, me dit Adèle en souriant ; j'en suis vraiment fâchée, mon cher Edmond, car je vais détruire plus d'une des illusions dans lesquelles tu vis. Arme-toi de philosophie en m'écoutant ; sans cette précaution je pourrais te paraître un monstre : je ne suis pourtant qu'une femme comme on en rencontre tant dans le monde.

« Tu m'as cru jusqu'à présent

d'une naissance distinguée. Console-toi, mon ami, je ne suis que la fille d'un pauvre agriculteur de cette contrée, fertile en femmes jolies, qu'on appelle le pays de Caux. Mon vrai nom est Françoise Canclaux : je suis née dans un village situé sur la rive droite de la Seine. Le curé m'apprit à lire pour l'amour de Dieu ; personne ne m'enseigna à tracer des lettres, et pourtant à douze ans je pouvais déjà me faire comprendre.

« On ne cessait de dire à mon père que je serais une femme au-dessus de son état, et qu'il ne fallait pas qu'il me destinât aux pénibles travaux de la terre comme ses autres enfans. Mon père, de qui j'étais le Benjamin, consentit à me placer dans une filature de coton. Un jeune contre-maître me donna quelques leçons d'écriture et de calcul, ce qui me fit avoir la tenue du registre des ouvriers.

« A seize ans, j'avais déjà acquis un certain empire sur tous les employés de l'établissement; tous me trouvaient jolie, tous s'empressaient de me plaire; mais un secret instinct m'annonçait que je ne serais point l'épouse d'un ouvrier: je jouais familièrement avec tous les jeunes gens de la fabrique, sans rien craindre pour ma vertu: d'un seul mot, d'un regard, j'arrêtais les plus hardis. Mon cœur ne connaissait pas encore l'amour, ou plutôt, il n'avait pas encore trouvé celui qui devait le faire palpiter pour la première fois.

« J'étais heureuse et satisfaite de ma position, lorsque le neveu du fabriquant arriva de Paris, où il venait de terminer ses études. Ernest était un jeune homme de vingt-un an, d'une figure agréable et d'une tournure élégante. Il avait de l'esprit, de la vivacité, montait très-bien à cheval et chantait avec goût. Tous ces agrémens, joints à sa qualité d'héritier du riche propriétaire de la filature, le rendirent l'objet des prévenances de toutes les dames et demoiselles des environs. Ernest ne s'en montra pas très-flatté, et au lieu de répondre à toutes ces attentions par des assiduités, il se bornait à quelques courtes visites. Ses journées s'écoulaient presque entièrement dans la fabrique, dont il paraissait vouloir connaître tous les détails.

« Cependant, comme Ernest ne laissait passer aucune occasion sans me dire quelque chose d'aimable, on s'aperçut bientôt que j'étais celle à qui il donnait la préférence, et que, s'il restait si long-temps parmi les ouvriers, c'était afin de me voir et de me parler plus souvent. Toutes mes compagnes furent jalouses de cette préférence marquée, et je devins aussitôt le sujet de leurs malins discours.

« Dans les premiers jours j'étais plus flattée que touchée de tout ce qu'Ernest me disait de galant et de tendre; mais insensiblement sa voix pénétra jusqu'à mon cœur: j'éprouvai alors ce sentiment délicieux qui nous donne une existence nouvelle; je reconnus l'amour, mais cet amour plein de douceur, qui nous séduit, nous entraîne, et que nous aimons tant à caresser : je sentis pour la première fois que j'aimais. Dès cet instant il s'opéra une révolution complète dans mon caractère ; je perdis toute ma gaîté, je devins mélancolique, rêveuse ; le sourire même n'approchait plus de mes lèvres, et pourtant j'aimais ce nouvel état de mon âme : la présence d'Ernest me troublait toujours, et je ne cessais de la désirer.

« Comme tous les yeux étaient constamment fixés sur nous, et qu'il nous était impossible d'avoir une conversation suivie, Ernest prit le parti de m'écrire. Sa lettre était passionnée ; il me demandait un rendez-vous pour m'entretenir de choses importantes : pouvais-je le lui refuser ?..... »

—Non, Madame, m'écriai-je brusquement, en interrompant Adèle, vous avez bien fait de lui accorder ce rendez-vous ; mais je vous prie de me faire grâce de tout ce qui s'y est passé. — Adèle, étonnée du ton colère avec lequel je venais de m'exprimer, me regarda fixement; elle me parut prête à éclater de rire ; mais se retenant, et prenant aussitôt un air grave et sérieux : « Vous vous trompez, dans vos conjectures, me répondit-elle ; il ne se passa rien de ce que vous supposez, pendant ce tête-à-tête. Sachez, Monsieur, que les rendez-vous de province ne sont pas aussi dangereux, aussi décisifs que ceux de Paris, et que l'on est bien plus exposé en un seul tête-à-tête ménagé dans cette capitale, qu'en cent rendez-vous accordés dans une petite ville. Vingt fois je me suis trouvée seule avec Ernest en des lieux et à des heures qui auraient pu faciliter les projets les plus hardis, et cependant ma vertu n'y rencontra aucun écueil : Ernest sut me respecter. » — Je vous crois, Adèle, car la vérité semble couler de vos lèvres ; mais laissez-moi vous assurer qu'à la place d'Ernest..... — Taisez-vous, mauvais sujet, et ne m'interrompez plus.

En m'imposant silence, Adèle avait placé sa jolie main sur ma bouche; je la couvris de baisers, et ce ne fut qu'après une scène muette mais fort tendre que cette femme singulière put continuer l'histoire de sa vie.

« Ernest, reprit-elle, ne cessait de me répéter que je n'étais point faite pour n'être qu'une simple ouvrière, et que si je le voulais, il me formerait, à Paris, un établissement plus digne de moi. Je rejetai long-temps cette proposition ; mais enfin l'idée d'aller à Paris, d'y suivre l'homme que j'aimais, et de m'y trouver à la tête d'un établissement convenable, prévalut sur toute autre considération, et je consentis à tout ce qu'Ernest désirait.

« A peine m'eut-il arraché la promesse de le suivre dans la capitale, qu'il s'y rendit lui-même pour tout faire préparer : il fut convenu entre nous que, dès l'instant qu'il m'écrirait de partir, je me mettrais en route, sous prétexte d'aller voir une tante que j'avais à Rouen, et que je quitterais ainsi la province et la filature.

« Mon départ, ou plutôt ma fuite, ne tarda pas à s'effectuer. Ernest était venu me prendre à Rouen. Quelques jours d'absence me l'avaient rendu plus cher; je n'eus aucune répugnance à me placer sous son égide, et je choisis pour mon mentor un jeune homme de vingt-deux ans aimable et beau. Je partis sous le nom d'Adèle.

« Je descendis dans un appartement décoré avec autant de goût que de luxe; Ernest n'avait rien négligé pour flatter mes sens et m'éblouir. Je me crus une princesse des Mille et une Nuits, transportée dans un pavillon de fées; mais Ernest habitait aussi dans ce pavillon, et nous étions bien près l'un de l'autre.

« Le premier jour se passa en protestations d'amour, et en promesses d'amans. Je voulus parler de l'établissement dont il avait été question ; Ernest me dit qu'il avait voulu attendre mon arrivée pour me consulter, et que nous avions tout le temps d'y penser. J'étais trop préoccupée de lui-même pour songer sérieusement à autre chose, et toute une semaine s'écoula rapidement de plaisirs en plaisirs.

« Cependant Ernest devenait tous

les jours plus exigeant, plus hardi, et moi plus tendre et plus faible; aussi la victoire lui devint-elle facile. Le premier acte de ma vie se termina de la manière la plus naturelle et la plus agréable. Je cédai sans peine à celui que j'aimais, je lui sacrifiai ma vertu sans répugnance et sans éprouver aucun repentir; j'avais été insensiblement amenée au point de penser que ce sacrifice était un devoir bien simple, et que je ne pouvais plus le différer à moins d'ingratitude envers Ernest. C'était par lui que je me trouvais si heureuse; c'était encore au moyen de ses prodigalités que j'avais pu assurer un sort à mon père : Ernest devait être tout pour moi.

« Les heureuses dispositions dont la nature m'avait douée, furent cultivées à Paris. Ernest me donna toute sorte de maîtres. Mes progrès furent rapides ; ils étonnèrent mon amant lui-même, qui cependant n'avait jamais trop présumé de mes facultés intellectuelles.

« Ernest et ses amis trouvaient que j'étais une femme accomplie ; à dix-huit ans, je possédais plusieurs langues, j'étais forte sur l'histoire et la géographie, je savais un peu d'astronomie et de physique, on me trouvait très-bonne musicienne, je dessinais assez bien, et je dansais avec beaucoup de grâce : ajoutez à ces avantages de l'esprit naturel, une figure agréable, une taille de nymphe, et vous aurez, mon cher Edmond, l'idée de ce que je devais être à cette époque. »

—Vous êtes encore la plus belle et la plus aimable des femmes, m'écriai-je aussitôt. — Ne cesserez-vous donc pas, Edmond, de m'interrompre à tout propos? Si cela vous arrive encore, je me tais, et vous n'en saurez jamais davantage. — Encore un baiser, un seul baiser, et vous ne m'entendrez plus respirer. Adèle se pencha vers moi, me présenta sa joue de rose, et continua son histoire.

« Ernest paraissait fier de me posséder ; son amour, ses soins, ses aimables prévenances ne s'étaient point démentis un seul instant depuis deux ans. Plusieurs fois il m'offrit de m'épouser, mais en réfléchissant au tort qu'une pareille alliance pourrait faire à sa fortune, j'eus assez de courage pour refuser sa main. Je me trouvais heureuse, que me fallait-il davantage? je n'avais pas même la pensée que mon bonheur pût avoir un terme. Je ne tardai pas à en faire l'expérience.

« Ernest, si complaisant, si attentif à me plaire, Ernest qui pendant long-temps ne trouva le bonheur qu'auprès de moi, devint tout-à-coup distrait, il ne fut plus aussi assidu : insensiblement il s'habitua à passer des journées entières sans me voir. Je lui en fis d'abord de tendres reproches, qui ne le ramenèrent point. Je le fis suivre, et j'eus la douleur d'apprendre qu'il courtisait une actrice à la mode. La jalousie s'empara aussitôt de mon âme, j'en éprouvai tous les tourmens ; je ne gardai plus aucune mesure, je persécutai l'homme que j'avais tant aimé, et je le rendis si malheureux pendant quelques mois, qu'il prit enfin la résolution de me quitter tout-à-fait, et de ne jamais plus me voir. Il m'écrivit pour m'annoncer que sa détermination était irrévocable, et pour m'engager à prendre aussi mon parti. Ernest me laissait les meubles de l'appartement que j'occupais et m'assignait une rente viagère de mille francs. Je fis encore quelques tentatives pour ramener mon amant, mais elles furent toutes inutiles. Ainsi finirent mes premières amours.

« Seule au milieu de Paris, je songeai d'abord à retourner dans mon pays ; mais mon amour-propre s'y opposa. Je vécus pendant quelque temps avec la plus grande économie : malgré cela le besoin d'argent se fit bientôt sentir, et je dus sacrifier une partie de mon mobilier ; mais au bout de six mois cette ressource fut absorbée. Je me vis alors plongée dans les embarras sans apercevoir d'autre moyen d'en sortir que celui d'avoir un nouvel ami. C'est en faisant ces réflexions que je sentis combien il eût été plus avantageux pour moi d'avoir employé une partie de l'argent que j'avais dépensé en plaisirs, à former un établissement qui m'eût mise à l'abri du besoin, et qui m'eût permis de conserver mon indépendance ; mais il était trop tard : ma destinée m'entraînait.

« C'est ainsi que je devins la maîtresse d'un jeune colonel, brave, loyal, généreux ; mais je m'aperçus bientôt que son ton et ses manières n'avaient pas cette délicatesse à laquelle Ernest m'avait habituée : aussi, lorsque, six mois après, il dut partir pour l'armée, je le regrettai peu.

« Pendant que le jeune colonel se battait à la tête de son régiment, et qu'il ne cessait de m'écrire les lettres les plus tendres, je fis la conquête d'un conseiller d'état, homme de mérite, qui passait toutes ses journées au travail, me laissant ainsi la plus grande liberté, dont j'avoue que j'ai abusé quelquefois. J'estimais beaucoup mon nouvel amant, mais c'était là le seul sentiment que je sentisse pour lui. J'avais alors vingt-un ans : une foule d'adorateurs était sans cesse sur mes pas : des ministres même me fesaient leur cour. Je tenais mes petits cercles en souveraine.

« On me supposait de l'ascendant sur les hauts fonctionnaires que je voyais journellement, et beaucoup de personnes s'adressèrent à moi pour obtenir des faveurs des ministres : je promis beaucoup, car il me semblait qu'on ne pourrait rien me refuser ; mais quel fut mon étonnement de ne trouver partout qu'une politesse froide, et des refus, basés il est vrai sur la justice et sur les lois, mais toujours mortifians pour une jolie femme. Je conçus dès-lors une haine implacable pour un gouvernement qui n'accordait rien à la sollicitation de l'amie intime d'un conseiller d'état, et cette haine s'étendit sur ces mêmes ministres qui me faisaient la cour chez moi, et qui me refusaient tout chez eux.

Je me rappelais d'avoir lu qu'il n'en était pas ainsi sous l'ancien régime, où toutes les faveurs étaient obtenues par des femmes ; en comparant ces deux systèmes, je me sentis une grande tendresse pour celui qu'on suivait avant la révolution, et je me plaçai dans les rangs des personnes qui appelaient de leurs vœux ce bon vieux temps : je me trouvai ainsi lancée dans des intrigues politiques que le gouvernement n'ignorait pas, mais qu'il semblait mépriser. Ces intrigues furent la cause que le conseiller d'état cessa de me voir.

« Vous savez, mon cher Edmond,

comment ce gouvernement si fort s'écroula tout-à-coup. Les événemens surpassèrent nos espérances : j'en étais dans l'ivresse, et je fus une des premières femmes de Paris qui aient agité le mouchoir blanc à l'entrée des alliés dans cette capitale. Je me trouvai aussitôt en rapports journaliers avec des ducs, des vicomtes et des marquis : quelques princes russes et quelques barons prussiens me furent aussi présentés ; ma cour était des plus brillantes ; on ne voyait chez moi que broderies et cordons. Cependant, pour être à la hauteur du rôle que je jouais, il me fallait une qualité ;

un vieux commandeur de je ne sais quel ordre ressuscité, qui s'était établi l'ami de la maison, me conseilla de faire comme tant d'autres, c'est-à-dire, de prendre un titre. J'adoptai celui de *marquise* comme étant plus en harmonie avec les idées du jour : ainsi, la petite fileuse de coton, Françoise Canclaux, se trouva métamorphosée en marquise de Saint-Alban. »

Ici, malgré qu'Adèle m'eût défendu de l'interrompre, je ne pus comprimer un grand éclat de rire. Elle se sentit forcée de m'imiter, et, pendant quelques minutes, il lui fut impossible de continuer son histoire.

« Vous avez beau rire, me dit enfin Adèle, je n'en fus pas moins marquise pendant long-temps. Personne ne me contesta cette qualité, car le commandeur avait eu le soin de dire à tout le monde, qu'en la prenant, je ne fesais que revendiquer ce qui avait appartenu à ma famille avant la révolution. On l'avait cru sur parole : comment ne pas croire à tout ce que dit un commandeur décoré de son crachat?

« La marquise de Saint-Alban ne possédait cependant que sa jeunesse, sa beauté et son esprit : il lui fallait une terre, et cela n'est pas aussi facile à avoir qu'un titre. Le commandeur, qui craignait sans doute que je ne dusse bientôt quitter mon train de maison, ne cessait de me répéter qu'il fallait profiter des avantages de ma position pour faire ma fortune; il m'en indiqua les moyens en vieux courtisan.

« Je fus bientôt lancée dans les intrigues des bureaux, et initiée dans tous les mystères de la politique. Je sollicitais, pour l'un la place de receveur général; pour l'autre celle d'agent de change; de l'avancement pour celui-ci, une bonne pension pour celui-là : je vendais aux joueurs de bourse le secret de la hausse ou de la baisse future, et je me mêlais aussi de faire liquider de fortes sommes mises à l'arriéré. Je réussissais presque en tout, et je retirais de ces sortes d'affaires des sommes considérables, que je partageais quelquefois. En peu de mois j'avais déjà amassé de quoi acheter une terre de douze mille francs de rente ; et au moment où je venais d'en faire l'acquisition, il se présenta une circonstance favorable pour quintupler ma fortune. Il s'agissait de faire obtenir la fourniture générale des vivres d'une armée entière ; plusieurs personnes s'étaient mises sur les rangs, et sollicitaient bonnement auprès des chefs de bureaux ou des chefs de division. Ma réputation se trouvait si bien établie que l'un de ces concurrens vint s'adresser directement à moi, et m'offrit une forte somme, si je parvenais à lui faire donner la préférence.

« Plus cette nomination offrait d'obstacles et de difficultés, plus il me semblait qu'il était digne de moi de tenter de l'obtenir : je dressai toutes mes batteries, et j'attaquai ceux dont elle pouvait dépendre. Un gros épicurien se laissa gagner par mes dîners fins; le galant chef de division céda à mes sollicitations le jour même où il obtint de moi quelques promesses; et le pâle Harpagon se laissa attendrir par l'appât d'une bonne part dans le cadeau que je devais recevoir. En peu de jours je l'emportai sur tous les autres concurrens, en peu de jours je me trouvai possesseur de plus de soixante mille francs de rente.

« Je jugeai dès lors qu'il était temps de quitter ces sortes d'affaires et ces intrigues qui, tôt ou tard pouvaient me compromettre, pour jouir de ma fortune dans la plus absolue indépendance. Le commandeur aurait voulu détruire cette détermination, parce qu'il ne pouvait vivre que dans l'atmosphère de l'intrigue ; mais dès qu'il vit que rien ne ferait changer mes projets, il se résigna. Toutefois, avant mon départ pour mes terres, il voulut me donner une preuve de son crédit : il me fit obtenir, je ne sais trop comment, d'un souverain étranger, le titre de *chanoinesse*, et une décoration que je portai aussitôt. »

—Laissez-moi rire, je vous en prie, Adèle, sans cela je suffoquerais....

Lorsque j'eus bien ri, la *marquise chanoinesse* acheva son histoire en ces termes :

« Je quittai enfin Paris, après avoir laissé des marques de ma reconnaissance au vieux commandeur, et j'arrivai à la plus belle de mes terres, suivie d'un train de marquise. Mes vassaux me firent une brillante réception : rien n'y manqua, pas même la harangue obligée du bailly, c'est-à-dire, du maire de l'endroit. Le curé ne fut pas des derniers à me faire sa visite, et il ne se retira qu'après m'avoir fait promettre de quêter à la messe du dimanche suivant.

« Bon gré, mal gré, il me fallut devenir dame de paroisse. Je quêtai et je reçus le pain béni sans rire: enfin, j'édifiai tous mes paroissiens; le curé lui-même me prit pour une béate.

« Malheureusement pour mon salut, il y avait dans les environs de ma terre un jeune colonel de l'ancienne armée, qui s'empressa de venir au château me faire sa visite et sa cour. »

—Bon ! m'écriai-je en interrompant la marquise, voici encore un colonel ! Si au moins c'était le dernier? — « Rassurez-vous, reprit Adèle, c'est le dernier.

« Ce colonel était un des plus beaux hommes qu'il soit possible de voir ; sa figure douce et martiale à la fois, portait l'empreinte de la franchise et de la loyauté ; mais ce qui la rendait encore plus belle, c'était une grande cicatrice sur le front provenant d'un coup de sabre. Les femmes aiment les braves : tout ce que j'entendis raconter de l'intrépidité de mon voisin me le fit aimer. A cette qualité le colonel joignait un esprit cultivé ; peu d'hommes étaient aussi aimables que lui. Nos relations devinrent bientôt des plus intimes. Je ne lui laissai ignorer aucune des particularités de mon histoire. Mon nouvel amant, dont les opinions étaient très-libérales, n'eut pas beaucoup de peine à me faire sentir le ridicule dont je m'étais chargée en m'affublant de la qualité de marquise et de la décoration de chanoinesse. Ce titre de marquise, me disait-il, vous vieillit de dix ans, et vous donne un air de l'ancien régime. Il ne m'en fallut pas davantage pour m'en dégoûter, et depuis cet instant j'ai cessé d'être marquise par coquetterie.

« J'arrive à la fin de mon histoire, mon cher Edmond, et je n'ai plus autre chose à vous apprendre que le départ du colonel pour les États-Unis. Des affaires de la plus haute importance exigèrent qu'il allât passer deux ans dans cette contrée : je ne pus raisonnablement m'opposer à son départ ; mais dès l'instant qu'il m'eut dit adieu, je quittai la campagne pour venir chercher des distractions à Paris. Le colonel m'écrivit d'abord très-souvent ; insensiblement ses lettres devinrent plus rares. J'appris indirectement qu'il s'était marié à Philadelphie, et je n'ai plus entendu parler de lui.

« Depuis plus d'un an je vivais heureuse à Paris ; mon cœur était tranquille et l'amitié seule y ré-gnait, lorsque le hasard nous conduisit dans le bois de Vincennes, où vous étiez évanoui. Mon amie, madame de Fréville, fut la première à vous apercevoir : elle fit approcher la voiture du côté où vous étiez.

« Un pressentiment secret m'annonçait une aventure extraordinaire. Le jeune docteur mit pied à terre et revint aussitôt nous faire part de votre état. J'ordonnai à mes domestiques de vous porter dans la voiture, où nous vous donnâmes tous les soins possibles, sans pouvoir vous rappeler à la vie. J'étais inquiète, mon cher Edmond, je craignais que la mort n'eût étendu sa main fatale sur un homme dont j'aurais voulu sauver les jours : enfin, après plusieurs heures d'anxiété, le docteur nous rendit l'espoir que nous avions perdu, et je sentis se glisser dans mon cœur celui d'avoir bientôt un ami tel que je le souhaitais. Vous savez le reste, tout s'est passé comme je le désirais.... Edmond, me dit Adèle en terminant, aurais-je conservé les jours d'un ingrat, ou d'un infidèle ? » Je n'eus pas beaucoup de peine à rassurer mon aimable amie.

La nuit suivante, je ne pus m'empêcher de faire quelques réflexions sur ce que je venais d'apprendre. Adèle m'en avait dit assez : je ne pouvais plus la considérer que comme une courtisane intrigante; et néanmoins j'avais accompagné cette femme partout, elle qui devait être si connue à Paris ! Le rôle que je jouais s'offrit alors à mes regards dans sa nudité, j'en reconnus toute la bassesse. Je sentais qu'un homme qui se respecte ne pouvait vivre comme je le faisais, sans s'attirer le mépris de tout le monde. Sans doute, Adèle était une femme aimable et jolie, faite pour enchaîner plus d'un adorateur à son char ; sans doute il se trouvait à Paris un grand nombre d'hommes dans la même position que la mienne ; mais cette position n'en était pas moins fausse : la délicatesse et l'honneur ne me permettaient pas d'y rester plus longtemps ; et pourtant je fus sourd à la voix de l'honneur. Je vécus plus d'un an avec Adèle, sans jeter le moindre regard sur l'avenir.

Les femmes qui aiment tant l'indépendance sont ordinairement capricieuses. Adèle l'était beaucoup, et comme ses caprices étaient des lois qu'elle m'imposait, je finis par en être fatigué et par m'en plaindre : dès lors commencèrent entre nous quelques légères discussions. Bientôt après je m'aperçus qu'elle accueillait avec plaisir les hommages du fils d'un riche banquier. Je devins jaloux et par conséquent insupportable aux yeux d'Adèle : je fis des scènes de jaloux, qui n'empêchèrent pas que je ne fusse sacrifié au jeune banquier. Je reçus mon congé dans les formes. Piqué au vif, je voulus prendre le ton d'un maître, mais Adèle me fit apercevoir que je n'étais qu'un vil esclave, en ordonnant à ses domestiques de me mettre à la porte.

Je fus chassé et humilié par une courtisane !....

Force fut de prendre mon parti. Je louai un appartement dans un hôtel garni, en attendant de pouvoir me procurer une existence telle qu'il me la fallait : j'étais fort embarrassé, car je me sentais peu propre au travail. Le genre de vie que j'avais embrassé depuis quelques années m'avait inspiré un éloignement invincible pour toute espèce d'occupation.

Si, dans ce moment, la raison fût venue à mon secours, elle m'eût sans doute prescrit de me rendre chez mon père : c'était le meilleur parti que j'eusse à prendre; mais Paris avait trop d'attraits pour moi. J'aurais pu au moins établir un plan de vie économique: n'ayant plus de dettes, je pouvais, avec la pension que je recevais de chez moi et ma demi-solde, exister tranquillement; mais il fallait renoncer à courir après les plaisirs, il fallait me sevrer de toutes les jouissances auxquelles je m'étais habitué, et je ne me sentais nullement capable d'en faire le sacrifice. Je ne pris aucun parti; je continuai à vivre comme si j'eusse possédé vingt mille francs de rente;

en peu de temps je me trouvai derechef dans l'embarras.

Depuis le jour de ma séparation avec la perfide Adèle, j'avais cherché des distractions partout où je croyais en trouver, et je m'étais arrêté assez volontiers dans ces *maisons à parties*, dont le nombre s'accroît tous les jours à Paris, sous la protection de la police, malgré l'immoralité de ces sortes d'établissemens. Comme tant d'oisifs qui courent après les jouissances de la table et de l'amour, j'avais presque fixé mon domicile dans l'une de ces maisons. Appartemens magnifiques, femmes galantes de bon ton, dîners exquis, tables de jeu toujours dressées, hôtesse aimable qui sourit à tout le monde, tels sont les appâts qui attirent sans cesse une foule d'hommes de tous les âges et de tous les pays dans les maisons à parties.

Là, des braves que la victoire caressa long-temps et dont l'honneur fut toujours l'unique guide, sacrifiant la considération au plaisir qu'ils cherchent en vain, ne craignent pas de se placer à la même table où s'asseyent le lâche, l'escroc et l'espion; là, le jeune étranger sans mentor court au-devant des piéges que lui tendent des fripons et des femmes encore plus dangereuses ; là, le joueur de profession attend de pied ferme le jeune homme de famille qu'il a marqué pour sa victime ; là, quelques sots *fashionables* vont prodiguer leurs soins empressés à des femmes dont ils se disent les amans, malgré qu'on les voie jouer auprès d'elles un rôle avilissant. Là, enfin, une foule de vieux libertins émérites, et de chevaliers d'industrie, étalent des titres et des distinctions pour donner du relief à la maison dont ils sont les principaux piliers.

D'un côté, le champagne pétillant, versé par une main jolie, monte la tête à des Anglais; d'un autre, le punch ardent, distribué par une aimable coquette, ranime l'ardeur presque éteinte de quelques vieux fous. On boit, on joue, on s'étourdit; les uns détruisent leur santé par l'intempérance, les autres se ruinent, et tous enfin croiraient avoir passé des journées délicieuses, si elles n'avaient pas un lendemain.

Une fois habitué à ce genre de vie, on a bien de la peine à le quitter: heureux ceux qui ont su fuir ces maisons attrayantes, après en avoir connu les dangers, plus heureux encore ceux qui n'en ont jamais franchi le seuil.

Entraîné par ma destinée, je m'attachai à la maîtresse de l'une de ces maisons, et, ne trouvant rien de mieux à faire, je m'associai avec elle. L'argent semblait pleuvoir chez nous, mais en résultat il ne nous en restait guère : La toilette de ma nouvelle maîtresse, et les impôts secrets que la police prélevait sur notre établissement, absorbaient presque tous les bénéfices. Tout le monde se ruinait dans notre maison, sans que personne s'y enrichît;

moi-même j'étais toujours gêné.

Malgré cette constante pénurie d'argent, je trouvai dans cette maison des agrémens que mes moyens ne m'auraient pas permis de me procurer ailleurs, et je m'habituai d'autant plus aisément à ce genre de vie, qu'il était presque le seul que ma position me permît d'embrasser.

On devine aisément que je me trouvai bientôt en rapports directs avec la police. Plusieurs fois par semaine, j'étais obligé de recevoir des agens secrets, dont la mission était de recueillir tout ce qui se disait de politique dans la maison.

Ainsi, sans être réellement attaché à la police, je n'en remplissais pas moins les basses fonctions de l'un de ses agens, puisque je répétais les conversations qui se tenaient chez moi. Heureusement, tout le monde sait qu'on trouve à Paris des espions partout, et plus particulièrement encore dans les réunions fréquentées par d'anciens militaires, ou par des jeunes gens ; on se tient alors sur ses gardes, et la présence de ces misérables n'aurait plus rien de dangereux, s'ils n'étaient pas forcés d'inventer quelquefois, afin de se faire valoir auprès de leurs chefs.

Nous recevions chez nous des hommes de toutes les opinions, et beaucoup plus occupés du jeu ou de leurs plaisirs que de la politique; néanmoins, notre maison avait été désignée comme le rendez-vous d'un grand nombre de mécontens, peints eux-mêmes comme des conspirateurs : rien n'était plus absurde que cela; chacun y conspirait, il est vrai, mais c'était contre l'argent des autres, quand on jouait.

Malheureusement, il s'éleva un jour une discussion assez vive, entre des hommes qui se haïssaient pour cause de jalousie : Les dames voulurent s'en mêler, et dès-lors la dispute devint générale, chacun ayant embrassé un parti : les épithètes les plus injurieuses furent échangées entre les champions; les têtes se montèrent, les dames semblaient attiser le feu de la discorde : bref, on se battit dans la salle et dans les salons ; on renversa, on brisa tout ; on fit tant de bruit que la garde accourut chez nous. Nous eûmes toutes les peines du monde à rétablir la tranquillité. Un commissaire de police verbalisa sur cette scène qu'il nous avait été impossible de prévenir ; mais, comme il arrive souvent que l'on se dispute dans les maisons à parties, et que la politique n'était pour rien dans ce qui venait de se passer chez nous, nous devions être rassurés sur les suites.

Il est probable que nous fûmes les victimes d'un rapport mensonger, puisque, malgré toutes nos complaisances pour la police, un de ses agens vint nous signifier, quelques jours après, un arrêté du préfet qui nous enjoignait d'avoir à fermer notre maison au public.

Une mesure aussi rigoureuse, dans un moment où notre établissement prenait plus de consistance, et nous promettait de grands bénéfices, fut un coup de foudre pour ma maîtresse. Elle avait employé tous ses moyens pour subvenir aux frais primitifs de cet établissement ; tout son petit avoir s'y trouvait englouti : l'ordre du préfet la ruinait complètement. Nous nous empressâmes de réclamer contre cet acte arbitraire ; mais toutes nos démarches furent inutiles : l'arrêt reçut son exécution.

Il ne nous restait plus d'autre parti à prendre que celui de réaliser le mobilier, et de nous retirer dans un quartier isolé, en attendant l'occasion de pouvoir tenter fortune de quelque autre manière.

La femme à laquelle je m'étais attaché montra, dans cette circonstance, un caractère et des qualités que j'étais loin de lui supposer. Jusqu'alors je l'avais vue uniquement occupée de sa toilette ; mais dès l'instant où elle n'eut plus d'établissement à gérer, elle fit gaîment le sacrifice de ses parures et de ses bijoux, et réunit ainsi une somme assez forte qu'elle me confia.

Ne sachant comment employer utilement ces fonds, nous nous décidâmes à courir les chances du jeu de la bourse. A cette époque, un ministre, qui semblait vouloir placer son nom à côté de ceux de l'abbé Terrai et de Law, conçut le projet de renverser le système financier adopté depuis plus de vingt-cinq ans, et de le remplacer par un autre de son invention, dont il eut soin de bien faire prôner d'avance l'infaillibilité.

Déjà, par une combinaison désastreuse, ce ministre était parvenu à porter les fonds publics à un taux inconcevable : on se battait à la bourse pour y acheter à huit et dix pour cent au-dessus de leur valeur nominale des inscriptions de rente dont le véritable prix ne pouvait et ne devait raisonnablement dépasser jamais cette valeur nominale. Dans l'espoir de voir ces inscriptions hausser encore, les sots et les dupes s'empressaient de donner leur argent pour avoir des inscriptions; mais les hommes sages profitèrent de cette hausse inexplicable pour échanger le papier contre de l'or, et ils firent très-bien.

Ceux qui donnaient tête baissée dans le système du ministre, trouvèrent d'abord, sur la hausse progressive des inscriptions, des bénéfices qui auraient été considérables, si les agens de change n'en eussent rogné la meilleure partie. Comme je suivais la marche ministérielle, je gagnai, en peu de temps, une somme assez forte, qui me mit à même de faire bonne figure parmi les joueurs de la bourse. Déjà les agens de change me saluaient, les courtiers marrons venaient de bonne heure solliciter mes ordres : je me crus alors un personnage important, et du haut de la roue de l'inconstante fortune je regardais dédaigneusement les malheureux qu'elle avait renversés.

Une circonstance peu importante par elle-même, mais qui le fut beaucoup pour moi dans ses résultats, vint encore gonfler mon amour-propre. Je reçus, sans avoir jamais payé un centime de contribution directe, une carte d'électeur, avec invitation expresse d'aller voter pour l'élection d'un député. C'était probablement une erreur; mais comme mes nom, prénoms, et domicile étaient indiqués avec une grande exactitude, j'aimais à croire que j'étais devenu électeur en jouant à la bourse.

Cependant je n'étais pas encore bien décidé d'aller exercer le droit que l'autorité venait de me conférer; je sentais qu'une carte ne suffisait pas pour m'ouvrir légalement l'entrée des élections, et je craignais quelque désappointement. Une des connaissances que j'avais faites à la bourse vint me tirer d'embarras, en m'apprenant que je n'étais pas le seul dans le même cas, et que le ministère comptait beaucoup sur le zèle et le dévouement des personnes auxquelles on avait envoyé des cartes. Je me préparai à aller voter le lendemain, et à donner mon suffrage au candidat de celui qui m'avait créé électeur.

Je trouvai toute l'assemblée dans une grande agitation. Quelques électeurs indépendans avaient insisté pour que l'on vérifiât scrupuleusement les droits de chaque personne admise dans l'enceinte des élections : déjà des gendarmes déguisés avaient été reconnus et mis à la porte. Mon tour vint aussi; et comme mon nom ne figurait sur aucune liste, je fus également chassé de la salle. Le lendemain les journaux publièrent tous ces faits.

Je fus d'autant plus désolé de ce qui venait de m'arriver, que mon nom, consigné dans plusieurs journaux, pouvait frapper les regards de mon père. Cette crainte était fondée, car ce respectable vieillard, voulant être toujours instruit des affaires de l'Europe, et surtout de celles de son pays, lisait avec beaucoup d'attention tous les journaux qu'un de ses voisins lui faisait parvenir mensuellement. Ainsi, au bout de quarante ou cinquante jours, mon père pouvait être informé de ma conduite, et de ce qu'elle m'avait valu.

Je ne pus m'empêcher d'être très-sensible à cette mésaventure; et comme elle pouvait m'attirer des railleries, je m'abstins de paraître à la bourse pendant quelques jours. Lorsque j'y retournai, il me fut facile de m'apercevoir que la plupart des personnes qui étaient dans l'habitude de me saluer détournaient la tête ; tout le monde semblait m'éviter : je jugeai que l'on avait pris la chose sérieusement, et que j'aurais bien de la peine à me réhabiliter. Heureusement je possédais de l'or, j'en gagnais presque tous les jours, et je trouvais dans mes bénéfices une compensation à l'espèce de mépris que l'on paraissait avoir pour moi. Je continuai à spéculer sur la hausse des effets publics.

Le système du ministre, embrassé aveuglément par un grand nombre de personnes, et soutenu par tous ceux qui attendaient des faveurs, avait bouleversé tous les anciens erremens d'économie politique et de finances. Les effets publics avaient atteint une valeur forcée , et l'or même semblait n'en avoir plus aucune de fixe. Cet état des choses était trop peu en harmonie avec les idées reçues depuis long-temps , et dont une longue expérience avait démontré la justesse , pour ne pas être précaire. Néanmoins on s'obstina à vouloir le soutenir. Tout-à-coup l'équilibre financier , dérangé par le ministre , se rétablit de lui-même. La secousse fut d'autant plus violente qu'il y avait eu compression ; un grand nombre de spéculateurs furent renversés : leurs bénéfices disparurent, et leurs capitaux se trouvèrent engloutis dans le gouffre ouvert par cette *dégringolade.* Pour mon compte, je perdis en moins d'une semaine tout ce que j'avais gagné, et je ne pus pas même sauver du naufrage les fonds que j'avais reçus de ma maîtresse : elle fut complètement ruinée, et je restai moi-même sans aucune ressource.

Désespéré de voir la fortune m'échapper ainsi, je crus pouvoir la ramener en essayant de jouer encore le même jeu. Cette fois, je n'avais plus rien à risquer ; mais en dissimulant mes pertes à l'agent de change qui opérait pour moi, je sus lui inspirer encore quelque confiance ; il se prêta à mes vues, et acheta sans garantie pour trente mille francs de rente, qui, en moins de vingt-quatre heures, donnèrent une nouvelle perte de plus de trente-mille francs. N'ayant pas le premier écu pour payer cette différence, je me cachai, laissant l'agent de change dans l'embarras pour moi.

La femme que je venais de ruiner ne pouvant supporter l'idée de se trouver misérable dans une ville où elle avait constamment affiché le luxe d'une princesse, vendit pour la seconde fois tout ce qu'elle possédait d'effets de quelque valeur, réunit ainsi quatre à cinq mille francs, et s'embarqua courageusement pour aller s'établir marchande de modes à Rio-Janeiro : c'était là son premier état, elle espérait faire fortune en travaillant. J'avais voulu la suivre au Brésil ; mais ne voyant plus en moi qu'un homme qui lui serait à charge, elle m'engagea à rester en Europe.

De tout l'or que j'avais possédé quelque temps avant la baisse des fonds, il ne me restait, le jour du départ de ma maîtresse, qu'une centaine d'écus ; je ne pouvais pas aller bien loin avec cette somme exiguë : aussi, pour la première fois de ma vie, je vécus économiquement; mais, malgré toute mon économie, la misère ne tarda pas à me talonner. Ne sachant quel parti prendre, je me décidai à chercher Dufaux, dans l'espoir qu'il pourrait m'ouvrir quelque voie.

Je n'eus pas beaucoup de peine à le trouver; car malgré les diverses mutations de ministres qui avaient eu lieu, Dufaux n'avait pas changé de position ; il était l'affidé inamovible de tous les hommes qui parvenaient au ministère, et leur rendait à tous les mêmes services avec le même zèle.

Dufaux m'accueillit assez froidement, lorsqu'il apprit que je venais solliciter un emploi : comme tous ceux qui n'ont pas envie d'obliger, il commença par m'adresser des reproches sur la légèreté de ma conduite passée, s'étendit ensuite beaucoup sur tous les avantages que j'aurais pu obtenir dans le temps, si, au lieu de demander de l'argent au ministre, je lui eusse demandé des emplois ; il finit par me dire qu'il ne voyait nullement la possibilité de me faire placer.

J'insistai vivement ; je peignis à Dufaux toute l'horreur de la situation dans laquelle j'allais me trouver, s'il ne m'aidait à me faire employer ; je l'assurai que j'accepterais toutes les places que l'on voudrait me donner, même celle de *censeur*. Jugeant dès lors qu'il pourrait faire de moi tout ce qu'il voudrait, Dufaux prit un ton plus amical, me promit de solliciter pour moi, et m'engagea à retourner chez lui après trois jours.

Dans cet intervalle, je reçus une lettre de mon père : ce respectable vieillard se plaignait de mon silence ; il exigeait que je lui donnasse quelques explications sur l'article des journaux où mon nom se trouvait, et m'engageait dans les termes les plus affectueux à me conduire d'une manière digne de lui, me prévenant que s'il apprenait quelque chose qui me fût désavantageux, il quitterait la campagne malgré son âge et ses infirmités, pour venir m'arracher de Paris.

La nature et l'honneur, qui, depuis long-temps avaient perdu tous leurs droits sur mon cœur, semblèrent les reprendre un instant à la lecture de cette lettre; quelques soupirs s'échappèrent de ma poitrine oppressée , et des larmes vinrent mouiller mes paupières. Si , en ce moment , quelqu'un m'eût tendu une main secourable pour m'entraîner hors de Paris , il est probable que je n'eusse pas mis le sceau à mon déshonneur, et que le reste de ma vie se serait écoulé d'une manière irréprochable ; mais , livré à moi-même , j'étais incapable de prendre une détermination salutaire. Un instant après je ne pensai plus qu'aux promesses de Dufaux.

J'allai le voir au bout de trois jours. « Mon cher Edmond , me dit-il, d'un air qui me fit concevoir des espérances, j'ai fait pour vous tout ce que vous aviez le droit d'attendre d'un ami qui vous est dévoué ; j'ai fait connaître à Son Excellence, et les services que vous avez rendus à ses prédécesseurs, et votre situation actuelle; je lui ai demandé pour vous une place de censeur, ou toute autre proportionnée à ce que vous avez fait; malheureusement pour vous, le ministre, accablé de demandes depuis plusieurs jours, avait déjà nommé tous les censeurs, et chose que vous aurez de la peine à croire, il y avait un si grand nombre de postulans, qu'on compte dix mécontens pour chaque place donnée. Il ne reste maintenant pour vous qu'un emploi de confiance assez lucratif; mais il se trouve dans les attributions de la police, et encore pour l'obtenir exige-t-on de vous des preuves de dévouement. » Dufaux se tut comme pour attendre ma réponse; et voyant que je gardais un silence approbatif, il sortit de sa poche un billet de banque de mille francs : « Je suis chargé, continua-t-il, en me montrant le billet, de vous remettte cette somme à titre de gratification, pourvu que vous me promettiez de donner à Son Excellence une preuve de votre dévouement. » Voyant que Dufaux ne précisait pas ce que je devais faire pour être agréable à son patron, je le pressai de s'expliquer. « Il existe en ce moment, me dit-il, après un court silence, un grand nombre de prisonniers d'état enfermés dans une même prison ; on a quelque raison de croire que ces gens-là, dans l'intimité, doivent parler sans réserve de l'affaire pour laquelle ils sont arrêtés. Or nous avons besoin aujourd'hui d'une personne de confiance, adroite, qui, se glissant parmi ces prisonniers, sous la protection d'un délit politique que nous inventerons, tâche de surprendre leurs secrets, pour le bien et repos de l'état. Si vous vous sentez capable, Edmond, de remplir cette mission de confiance, et que vous y mettiez toute la délicatesse de tact qu'elle exige, dès demain nous vous faisons arrêter avec fracas, et placer parmi ces prisonniers. Vous sentez qu'au bout de huit à dix jours, vous serez reconnu non coupable et mis en liberté : ainsi toutes les apparences de connivence avec la police seront sauvées, et vous aurez pu néanmoins rendre de grands services, qui vous feront obtenir, en sortant, un emploi lucratif. »

Mon premier mouvement, après avoir écouté cette proposition machiavélique, fut de reculer; mais à mesure que je m'éloignais, Dufaux rapprochait le billet de banque de son portefeuille, et il allait l'y renfermer, lorsque, par un autre mouvement qu'il me fut impossible de réprimer, je m'élançai sur ce billet et je m'en emparai.

Nous gardâmes encore quelque temps le silence; je le rompis enfin pour dire à Dufaux que l'on pouvait tout arranger pour me faire conduire en prison dès le lendemain.

On se tromperait si l'on croyait que le grand pas que je venais de faire m'empêchà de dormir ; le billet de mille francs avait versé du baume dans mes veines, et je passai une nuit aussi tranquille qu'un homme qui aurait fait une belle action.

Le lendemain deux gendarmes et un huïssier vinrent me chercher pour me conduire en prison : j'eus la faculté de prendre un fiacre, que je remplis de vins, de liqueurs et de provisions, avec lesquelles je me proposais de payer ma bienvenue aux infortunés que j'allais trahir !....

Nous arrivâmes gaîment à la porte de la prison. Ces portes sont, dit-on, d'une complaisance extrême : lorsqu'on veut entrer, elles s'ouvrent en un clin d'œil; mais quand il s'agit de sortir, elles roulent difficilement sur leurs gonds et font souvent attendre long-temps des malheureux pressés de respirer en liberté.

On ne nous fit pas languir. Un prisonnier! s'écrièrent en entrant les gendarmes; et comme leur mission était finie, ils me remirent aussitôt entre les mains d'un gardien rébarbatif, qui ne me quitta plus qu'au greffe. Là, après que l'on eut inscrit mon signalement, j'entendis une voix de stentor demander du fond d'un cabinet pour quel délit j'étais arrêté. — Pour délit politique, répondit un vieux commis. — Qu'on le place avec les autres. — Un instant après je fus confié à deux gardiens qui me conduisirent au milieu des prisonniers de l'état, et me logèrent dans la chambre qu'occupait déjà l'un d'eux.

Dès que les autres détenus apprirent qu'un nouveau prisonnier politique venait d'arriver, ils s'empressèrent tous de me faire visite et de me mettre au courant de la maison.

Je trouvai parmi mes compagnons plusieurs braves militaires, des avocats, des journalistes, des auteurs, des libraires et quelques étudians. La connaissance fut bientôt faite ; mon vin de champagne mit tout le monde en belle humeur ; on chanta et l'on rit jusqu'au moment où l'*hartentirkof*, chargé de nous renfermer dans nos cellules, vint nous annoncer qu'il était neuf heures.

Depuis bien long-temps je ne m'étais couché de si bonne heure ; aussi me fut-il impossible de m'endormir ; mon camarade s'en aperçut et m'offrit de *tuer* le temps en causant, ce que j'acceptai avec plaisir. Cet homme confiant commença par me donner quelques détails sur les autres prisonniers de la même catégorie, et sur les motifs de leur réclusion. Je fus ainsi, dès le même soir, au courant de tout ce qui concernait les individus avec lesquels je me trouvais : la plupart étaient d'honnêtes gens dont tous les crimes consistaient à penser différemment que les ministres. Ils étaient presque tous impliqués dans une conspiration sur laquelle on n'avait pu encore jeter aucun jour, et en attendant des preuves ou des aveux, on les gardait en prison.

« Mon cher camarade, me dit mon compagnon de chambrée, avant de s'endormir, tenez-vous pour prévenu que sous ces verroux nous sommes entourés d'espions : que les murs ont des oreilles, et que vous ne direz pas un mot qu'il ne soit répété à la police. Si vous avez quelques papiers secrets, cachez-les soigneusement; sans cette précaution, on profitera du moment où vous irez respirer dans la cour pour les lire. Toutes les personnes qui nous servent sont autant de mouchards, et même nous ne sommes pas bien sûrs qu'il n'y en ait pas quelqu'un parmi nous. »

Je jugeai aussitôt que des gens prévenus comme l'étaient ces prisonniers devaient se bien tenir sur leurs gardes, et que la prudence ne les abandonnerait pas un seul instant. C'était mal connaître le caractère confiant des Français et surtout celui des anciens militaires et des jeunes gens.

En moins de huit jours je leur inspirai tant de confiance qu'ils n'eurent plus rien de caché pour moi. Ayant appris tout ce que je voulais savoir, j'écrivis à Dufaux, qui s'empressa de me faire sortir sous prétexte qu'on m'envoyait dans une autre prison. Tous ceux que je venais de trahir me témoignèrent les plus sincères regrets de me voir partir, et m'embrassèrent le plus cordialement du monde. Ils auraient dû m'étouffer!

Ensuite de ce que je révélai à la police, un grand nombre d'autres personnes furent arrêtées, et lorsqu'on jugea les malheureux que j'avais laissés dans la prison, je fus la cause que quelques-uns furent condamnés à cinq ans de réclusion, tandis qu'ils auraient probablement été acquittés.

La *mission* que je venais de remplir si bien dans les prisons me valut une place d'agent secret de la police, avec les appointemens de cinq cents francs par mois. C'était tout ce que je pouvais espérer ; je l'acceptai sans peine. Ainsi, j'étais devenu insensiblement un espion breveté !

Pour gagner ces cinq cents francs, j'étais obligé de m'introduire décemment dans les cercles, les réunions, les dîners et les bals ; c'étaient là les lieux que je devais exploiter. Mon rôle n'était pas toujours le même partout : passif avec les personnes disposées à parler, j'étais alors silencieux et tout oreilles ; mais je devenais questionneur avec ceux qui semblaient vouloir se taire; je les provoquais à parler, et je réussissais presque toujours, d'une manière ou d'autre, à recueillir assez de choses pour faire mon rapport.

Les chefs commençaient à me regarder comme un employé des plus zélés, et il est probable que j'eusse fait mon chemin dans la partie, si quelque confrère jaloux ne m'eût trahi en me faisant connaître pour ce que j'étais.

On ne fut pas plutôt instruit, dans les cercles où j'avais l'habitude de me présenter, des soupçons qui planaient sur moi, que l'on chercha à s'assurer de la vérité, et lorsqu'on eut la certitude morale que j'étais attaché à la police, on me chassa honteusement; je reçus partout le même traitement : en moins de vingt-quatre heures il n'y eut pas une seule des maisons que je fréquentais dont la porte ne me fût fermée.

La contre-police, qui s'exerce partout, ne tarda pas à apprendre ce qui m'était arrivé, et à en faire part aux chefs. Ils jugèrent dès lors que je ne pourrais plus rendre aucun service puisque j'étais connu, et ils prirent la détermination de me remercier, ainsi que cela se pratique envers tous les agens que le public a démasqués.

Quel fut mon étonnement lorsqu'à la fin du mois je reçus une lettre de remercîment ? Renvoyé par la police me paraissait le comble de l'ignominie ; aussi je dus, par amour-propre, supplier que l'on voulût bien me garder, à quelque condition que ce fût. J'obtins, non sans peine, que je serais conservé sur les contrôles des employés aux appointemens de cinq francs par jour. Ma nouvelle tâche était d'aller voir ce qui se passait dans les cafés, dans les estaminets et même dans les maisons de jeu ; de recueillir tout ce que j'y entendais dire contre le gouvernement et d'en faire un rapport toutes les fois que je le jugeais nécessaire.

Il y avait déjà quelques jours que j'exerçais mes basses fonctions, lorsque mon père, qui avait sans doute reçu des renseignemens défavorables sur mon compte, effectua la menace qu'il m'avait faite de venir à Paris. Ni son âge, ni les infirmités dont il était accablé, ne purent le retenir : il voulut voir par lui-même ce que je faisais, se mit dans une voiture publique et arriva dans la cour des messageries au moment même où je m'y trouvais pour surveiller les partans et les arrivans. Les années et les souffrances l'avaient beaucoup changé, mais je le reconnus aussitôt. Quel est l'être, même parmi les agens de police, qui peut oublier son père ! L'honneur peut être banni à jamais du cœur d'un homme ; mais la nature ne perd jamais ses droits ; elle les reprend même sur ceux qui sont complètement pervertis.

Je me sentis ému de tendresse, et confus en même temps : mon cœur me conseillait de me jeter dans les bras de ce vieillard vénérable ; la honte et les remords me faisaient une loi de le fuir, du moins en ce moment : je pris ce dernier parti ; mais avant de m'éloigner je chargeai un de mes confrères de suivre mon père, et de venir m'apprendre dans quel hôtel il irait se loger. Dès que je le sus, j'établis une espèce de police autour de lui, afin d'être instruit de ses démarches. J'appris bientôt que j'étais l'objet de toutes ses courses.

Ne voulant pas alors me jouer de mon père, je lui écrivis pour lui dire qu'ayant appris à la campagne son arrivée à Paris, je me serais empressé de me rendre auprès de lui, si une chute de cheval, que je venais de faire, ne m'eût forcé de retarder ce bonheur de quelques jours ; je terminais ma lettre par lui donner l'assurance que le surlendemain je me mettrais en route.

Cette lettre mensongère fut remise à mon père par le même agent qui l'avait suivi le jour de son arrivée ; il s'était aussi chargé de lui dire qu'il m'avait laissé à la campagne très-souffrant ; mais que je serais bientôt auprès de lui. En écrivant ces mensonges j'avais pour but d'éviter à mon père des courses fatigantes, et ce but fut rempli.

Je m'occupai alors de chercher un appartement dans lequel je pusse recevoir décemment mon père ; dès que j'y fus installé, je me rendis chez lui.

Ce digne citoyen, ce bon et tendre père ne put s'empêcher de me presser dans ses bras et de répandre des larmes de tendresse, malgré tous les renseignemens désavantageux qu'il avait eus sur mon compte. Il savait que j'avais joué, que j'avais mené une vie déréglée sous tous les rapports ; il m'en fit des reproches sévères : « Quant aux soupçons que quelques personnes m'ont manifestés sur de prétendus rapports avec la police, ajouta mon père, vous sentez, mon cher fils, que je les ai repoussés avec toute l'indignation qu'ils méritent. Voilà cependant à quels propos déshonorans votre conduite vous a exposé. Il faut partir, Edmond, il faut quitter Paris sans le moindre retard : je vous donne trois jours pour vous préparer. »

J'assurai mon père que j'étais prêt à le suivre, et je me sentais bien réellément décidé à fuir une ville qui avait été le théâtre de mon déshonneur. Jusqu'à ce jour mon père ignorait tout ce que ma conduite avait eu de plus lâche et de plus vil : hélas ! sans une imprudence que je commis le lendemain, il l'aurait probablement ignoré toute la vie, et je n'eusse point eu à me reprocher le plus grand des malheurs.

Pendant que je faisais mes préparatifs de départ, mes effets et mes papiers étaient en désordre ; mon père vint en ce moment me voir chez moi : il avait ce jour-là une longue course à faire ; mais comme il ne se sentait pas bien portant, il me pria de le remplacer ; je partis aussitôt, laissant tout bouleversé dans mon appartement ;

mon père devait y attendre mon retour.

Il est probable que dès qu'il se trouva seul au milieu d'un tas de papiers, l'ennui ou la curiosité l'aura porté à jeter les yeux sur ces papiers ; il est probable encore que le hasard lui aura mis entre ses mains quelque lettre ou quelque instruction de la police que je n'aurais pas eu le soin de brûler, et que dès lors, sa curiosité se trouvant piquée, il aura voulu s'assurer par lui-même de tout ce que mes papiers pouvaient contenir d'important à connaître. Quoi qu'il en soit, je ne puis pas douter que mon malheureux père n'ait eu entre ses mains les deux brevets de mon déshonneur, qui me furent successivement délivrés par la police.

Cette horrible découverte fut un coup de foudre pour ce vieillard irréprochable : ses forces l'abandonnèrent, et lorsque je retournai, j'appris qu'il s'était fait transporter chez lui.

Je me rendis en toute hâte à son hôtel, où le médecin qu'on avait fait appeler m'annonça que mon père était très-mal. Ce fut en vain que j'insistai pour le voir; on m'en empêcha d'abord sous divers prétextes, et l'on finit par me déclarer que mon père avait défendu formellement qu'on me laissât entrer dans sa chambre.

Désolé de la situation de mon père, et ne sachant à quoi attribuer la détermination qu'il avait prise de ne pas me voir, je retournai chez moi, où les premiers objets qui frappèrent mes regards furent les deux brevets que Monsieur d'Heurmal avait sans doute laissé tomber de ses mains tremblantes. Je devinai tout alors, et je restai long-temps anéanti.

Revenu de mon étourdissement, je courus à l'hôtel de mon père, où je fis de nouvelles instances pour pouvoir approcher de son lit : elles furent inutiles ; je l'entendis donner lui-même des ordres pour que l'on m'éloignât de son appartement. Je pris alors le parti de rester dans son antichambre, et j'y passai deux jours et deux nuits sans prendre aucun repos. L'état de mon père empirait à chaque instant, ses vieilles blessures s'étaient rouvertes, il délirait en prononçant mon nom ; mais bientôt ses forces l'ayant totalement abandonné, il expira en m'accablant de sa malédiction !....

Deux jours après ce cruel événement, je reçus un paquet à l'adresse de mon père, venant d'Estebois; je l'ouvris, et parmi les lettres que son homme de confiance lui envoyait, j'en trouvai une dont l'écriture me frappa d'abord : elle était de Monsieur Dorbourg. Ce père, presque aussi malheureux que le mien, annonçait à son vieil ami la perte qu'il venait de faire de sa fille chérie. Depuis son départ de Paris, Mademoiselle Dorbourg n'avait point cessé d'être en proie aux plus vifs chagrins; sa santé s'était altérée, et enfin, au bout de deux ans de dépérissement et de souffrances, cet ange avait rendu le dernier soupir, en prononçant le nom d'un homme qu'elle aimait encore, quoiqu'il fût la cause de tous ses chagrins. Ainsi, j'avais précipité la mort des deux êtres que j'aimais le plus et qui m'étaient si sincèrement attachés !

Tant de sujets d'afflictions me rendirent la vie insupportable ; vingt fois je fus tenté d'en trancher le cours, mais le courage me manqua : j'étais réservé à subir de nouvelles épreuves. Je trainai donc ma pénible existence dans la fange où je m'étais jeté : montré au doigt par les uns, fui par les autres, méprisé par tout le monde, partout où j'allais l'épithète de *mouchard* retentissait à mes oreilles.

Enfin le ciel a eu pitié de moi : hier j'ai reçu le prix du vil métier que j'exerce. Reconnu dans un estaminet, seul lieu qu'il me fût encore permis de fréquenter, je vis aussitôt vingt bâtons levés sur moi. Quelques personnes voulaient m'assommer sur la place, d'autres proposaient de me faire sauter par la fenêtre. La crainte d'une affaire sérieuse me sauva probablement la vie dans ce moment ; mais je fus réservé au dernier des traitemens, et je dus le souffrir presque sans me plaindre : humilié, avili au dernier degré, j'arrivai chez moi meurtri de coups. . . . .

. . . .

Un homme, que ses complaisances et ses bassesses ont conduit à ce degré d'avilissement, ne doit plus souiller la terre de son horrible présence..... Je sens que Dieu me donne le courage nécessaire pour mettre fin à des jours écoulés dans l'opprobre..... Demain, avant que le soleil éclaire cette ville où l'on m'a vu passer par toutes les gradations du déshonneur, j'aurai vécu. J'irai rejoindre les ombres irritées de mon père et d'Amélie..... Puissent-elles connaître mon repentir, et ne point me repousser ! . . . .

. . . .

. . . .

. . . .

Ici finissait le manuscrit d'Edmond d'Heurmal. Avant de le livrer à l'impression, je voulus avoir quelques détails sur la personne de ce malheureux que je n'avais vu qu'ensanglanté ; j'appris par qu'un qui l'avait connu, il y a sept à huit ans, que le fils du grenadier d'Arcole était, avant qu'on ne l'eût corrompu, un jeune homme plein d'honneur et de bravoure, qu'il joignait à une figure agréable un esprit vif et enjoué ; en un mot, que c'était un homme né pour faire les charmes de la société. Que de regrets ne doivent pas avoir ceux qui l'ont entraîné à sa perte.

BIBLIOTHÈQUE ROYALE

FIN.

Imprimerie de Marchand du Breuil, rue de la Harpe, n. 80.

www.ingramcontent.com/pod-product-compliance
Ingram Content Group UK Ltd.
Pitfield, Milton Keynes, MK11 3LW, UK
UKHW022042190726
13855UKWH00002B/385